ARMORIAL GÉNÉRAL

DE

L'ANJOU

D'APRÈS

LES TITRES ET LES MANUSCRITS DE LA BIBLIOTHÈQUE NATIONALE,
ET DES BIBLIOTHÈQUES D'ANGERS, D'ORLÉANS, ETC.
LES MONUMENTS ANCIENS,
LES TABLEAUX, LES TOMBEAUX, LES VITRAUX, LES SCEAUX,
LES MÉDAILLES, LES ARCHIVES, ETC.

PAR

M. Joseph DENAIS

OFFICIER D'ACADÉMIE,
Chevalier de l'ordre pontifical de Saint-Grégoire-le-Grand,
Membre de la Commission Archéologique de Maine-et-Loire, de la Société des Antiquaires de l'Ouest,
des Antiquaires de Normandie, des Sociétés historiques et archéologiques du Maine,
de Touraine, du Limousin, etc.
Membre de l'Académie Royale Héraldique italienne.

QUINZIÈME FASCICULE

ANGERS

GERMAIN ET G. GRASSIN, IMPRIMEURS-LIBRAIRES
RUE SAINT-LAUD.

1883

L'auteur de l'Armorial voudrait avant tout faire une œuvre consciencieuse, exempte, s'il était possible, d'omissions et d'erreurs. Il s'adresse à toutes les familles qui ont le droit de voir figurer leur nom dans cette publication, à tous les amis de l'histoire et de l'archéologie de notre province, les priant instamment de lui envoyer le plus tôt possible les renseignements, — et, s'il y a lieu, les rectifications, — qu'ils pourraient lui fournir et qu'il recevra toujours avec gratitude.

J. D

Sergues (de).

D'or au pont de sable.

Audouys, mss. 994, p. 113.

Serilly (de), v. de Blégny.

Serin (de) de la Motte, — des Noyers, — de la Cordonnière.

D'argent au sautoir de gueules.

Audouys, mss. 994, p. 165. — Armorial mss. de Dumesnil, p. 18.

Serizin de la Peraudière.

D'argent à une bande de sinople écartelé de sinople à une barre d'argent.

D'Hozier, mss., p. 1526.

Sermaise (de), v. de Malaunay, — de Mogas, — de Hardouin.

Sermont (de), v. Dieuzaye.

Seronnes (le prieuré de Saint-Pierre de), v. Châteauneuf.

Serpillon (de) de Jaugé, — de Maligné, — de la Roche-Serpillon, — de la Bouteillerie, — de la Brosse.

Gironné d'argent et de sable de douze pièces.

Devise : *Cerf, pie, lion.*

Audouys, mss. 994, p. 164. — Gencien, mss. 996, p. 63. — Mss. 703.

Serquigny (de), v. d'Aché.

Serrant (de), v. de Bautru, — de Brie, — de la Motte, — de Saint-Amadour.

Serreau (du) de Beauregard, — de la Roche-Courcillon, — de Saint-Michel, — de Thimerais, — de la Motte-Hurel, — du Bois-Fouché, — de Bizots, — de Saint-Mars.

Ecartelé au premier d'azur au sautoir fuselé d'or, aux deuxième, troisième et quatrième d'or à quatre allerions éployés d'azur becqués et membrés de sable.

Support : *Deux licornes d'argent.*

Audouys, mss. 994, p. 160.— Cauvain. — Cette maison a porté pendant quelque temps.

D'azur au chevron de gueules chargé de sept besans d'or accompagné de trois aigles de sable, deux en chef et une en pointe.

V. De la Motte.

Servaux (de), v. Louet.

Service (de la), v. Frubert.

Servient (de) de Meudon, — du Bois-Dauphin, — de Sablé, — de Châteauneuf-sur-Sarthe, — de la Roche-des-Aubiers; — dont François et Augustin, abbés du Perray-Neuf en 1659 et 1716.

D'azur à trois bans d'or au chef cousu d'azur chargé d'un lion regardant d'or.

Audouys, mss. 994, p. 160. — Roger, Armorial mss., p. 2.

Sesmaisons (de) de la Menantière, — de la Sauzinière; — dont David, bailli d'Anjou.

De gueules à trois maisons en forme de trois tours d'argent ajourées et maçonnées de sable

Audouys, mss. 994, p. 161. — D'Hozier, mss., p. 132. — Mss. 993. — Le mss. 703, dit: *De gueules à trois maisons d'or.*

Sestier ; — dont un conseiller du roi receveur des tailles à Montreuil-Bellay en 1690.

D'azur à un lis de jardin d'argent tigé de même et une bordure d'hermines.

D'Hozier, mss., p. 651

Seulay (de) des Marchais.

Échiqueté d'or et de gueules.

Mss. 995, p. 83.

Seules (de la).

D'or à la bande engrelée d'azur.

Cauvain.

Seurdre (de), v. de Vrigné.

Seurhomme ou **Surhomme** (Jean de), abbé de Saint-Serge, 1595.

Seuzeau.

De sable à un sautoir d'or.

D'Hozier, mss., p. 871.

Sevandière (de la), v. de la Haye.

Séverie (de la), v. de la Haye.

Sevigné (de).

D'azur à trois pals d'argent.

D'Hozier, mss., p. 1211. — V. Pépin.

Sevigné (de) de Champiré, — de Baraton, — d'Ollivet.

Écartelé aux premier et quatrième de sable ; aux deuxième et troisième d'argent.

Audouys, mss. 994, p. 162. — Mss. 993. — Mss., 995, p. 75.

Madame de Sévigné appartenant à cette famille portait pour devise : *Le froid me chasse !*

Sevigny (de), v. Coiscault.

Sevilly (de). v. Le Forestier.

Sévré (de), v. Poudret.

Sibel de la Roptière ou Robetière.

De gueules à trois quintefeuilles d'argent, à la fleur de lis de même posée en abîme.

Armorial mss. de Dumesnil, p. 18. — Audouys, mss. 995, p. 166.

Sforza ; — dont François, duc de Milan, chevalier du Croissant en 1448.

Écartelé aux premier et quatrième d'argent à l'aigle éployée à deux têtes de sinople ; aux deuxième et troisième à une guivre au naturel engoulant un enfant de sinople.

Mss. 993 et 999.

Sibille de la Coquemillière, — de la Buronnière, — de la Moisandière.

D'azur à la bande d'or bordée de sable, chargée de trois roses ou quintefeuilles de gueules.

Gaignières, Armorial, mss., p. 75. — Gohory, mss. 972, p. 27. — Audouys, mss. 994, p. 161. — Armorial mss. de Dumesnil, p. 18, ne donne pas la bordure de sable pour la bande. — V. Sébille.

Sicardière (de la).

D'azur à un chevron d'argent et un chef d'or chargé d'une scie d'argent.

D'Hozier, mss., p. 1347. — V. Crieul.

Sicault.

De sable à un sautoir componé d'argent et de gueules.

D'Hozier, mss., p. 976. — Le mss. 703 donne à un Sicault les armes suivantes :

D'argent à cinq burelles de gueules.

Sicile (de).

D'azur semé de fleurs de lis d'or, au lambel de gueules de trois pièces.

Mss. 995, p. 55.

D'or à quatre pals de gueules, qui est d'Aragon, flanqués de deux aigles de sable.

Ibid. V. d'Anjou–Sicile.

Siège (de), v. Belin.

Sienne (de).

De gueules à trois tours d'or.

D'Hozier, mss., p. 911.

Sigogne.

De gueules à trois plumes à écrire coupées d'argent.

D'Hozier, mss., p. 1010.

Sigon (de), v. de la Beraudière.

Sigonneau du Grip, — de la Perdrillière, — de Fougeray.

D'argent à trois merlettes de gueules, posées deux et une.

Gohory, mss. 972, pp. 23, 25. — Roger. mss. 995, p. 9. — Sceau. — D'Hozier, mss. p. 295. — Audouys, mss. 994, p. 162. — Gaignières, Armorial mss., p. 41. — Gencien, mss. 996, p. 63. — Mss. 995, pp. 111 et 104. — M. de Champagné et le mss. 993 disent... *D'azur à trois merlettes d'argent.*

Sillandaye (de la), v. Lefebvre.

Sillé-le-Guillaume (de), v. de Montjean, — de Beauveau.

Sillery (de), v. Brulard.

Silly (de) de Rochepot; — dont Antoine, chevalier de l'Ordre du Saint-Esprit, gouverneur d'Anjou.

D'hermines à la fasce vivrée de gueules, surmontée de trois tour-teaux de même rangés en chef, écartelé aux deuxième et troisième bandé de... et de...

Audouys. mss. 994, p. 165. — Mss. 703. — V. Dreux.

Simon.

D'azur à trois cygnes d'argent posés deux et un.

D'Hozier, mss., p. 868.

Simon du Pasti; — dont Jacques, chanoine régulier, prieur curé de Tiercé en 1736.

De... à une scie de... sciant un mont de...

Grav. XVIIIᵉ siècle (Cloche de Soulaire).

Simon de la Benardaye, — de la Saulaye, — du Mortier, — de Vriz, — de la Roussière, — de Vaudeguibert, — de la Louetière, — de l'Espinay, — de la Rabouste, — de Remefort, — de la Lussière, — de Villegontier, — du Feuil ; — dont Pierre taxé deux écus pour la rançon du roi Jean, en 1360, entre les nobles du Grand ou Petit Montreveau, et Y... taxé quatre écus ; Pierre, chevalier de Saint-Louis, 1789.

D'or à la rose double de gueules boutonnée d'or.

Mss. 703. — Audouys, mss. 994, p. 161. — D'Hozier, mss., pp. 98, 101, 76. — Gohory, mss. 972, p. 25. — Roger, mss. 995, p. 15. — Armorial mss. de Dumesnil, p. 18. — Gencien, mss. 996, p. 64. — Gaignières, Armorial mss., p. 30, dit *la rose double de gueules feuillée de sinople...*

Simonneau de la Rocheut.

D'argent à un A, un S. et un R entrelacés ensemble de sable.

D'Hozier, mss., p. 354.

Simpraisse (de la), v. Pinot.

Sintré (de), v. du Boul.

Siochan de Kersabiec, de Kersaouté, — de Kerigoual, — de Troguerot, — de la Palue, — de Praterou, — de Saint-Jouan, — de Trequintin, — de Kerhuelin, — de Keradennec.

De gueules à la croix ancrée d'argent.

Actuellement cette famille porte les armes ci-dessus peintes à Versailles, salle des Croisades.

De gueulés à quatre pointes de dard en sautoir, passées dans un anneau en abîme, le tout d'or.

Généalogie de la famille publiée par M. Laîné, successeur de M. de Courcelles, généalogiste du Roi (9e vol. des Archives généalogiques et historiques de la noblesse de France). — Paris, imprimerie de Moquet et Hauquelin, 1843. — D. P.

Sionnière (de la), v. Possart, — Bouju, — du Boul.

Siré.

D'azur à une couronne d'or et un chef d'argent chargé d'une croix de sable.

D'Hozier, mss., p. 1346.

Sireuil.

De sable à trois couronnes de laurier d'or.

D'Hozier, mss. p. 955.

D'argent à un chevron de sable chargé de trois coquilles d'or.

D'Hozier, mss., p. 956.

Sireuil de Montaudin ; — dont René, conseiller du roi au présidial de la Flèche en 1698.

D'argent à deux fasces de gueules.

Cauvin, Armorial du Maine. — D'Hozier, mss., p. 338, ajoute *les deux fasces chargées de deux étoiles d'or et accompagnées d'un cœur de sable en chef, d'un croissant de gueules en cœur et d'un corbeau de sable en pointe.*

Sireuil de Fremoulin, — de la Tousche.

De gueules à la tour d'argent maçonnée de sable posée à dextre, au lion d'or posé à senestre, armé, couronné et lampassé de même.

Audouys, mss. 994, pp. 161, 166. — D'Hozier, mss., p. 921, donne aux Sireuil de la Touche les armes suivantes :

D'argent à trois merlettes de sable accolées de gueules à trois bandes d'argent.

Soizy (de).

D'or à trois bandes d'azur et un chef de même.

D'Hozier, mss., p. 166.

Solages (de); dont un maître de camp de cavalerie, chevalier de Saint-Louis, 1773.

D'azur au soleil d'or agissant.

Supports : *Deux anges.*

Devise : *Sol agens !*

La Chesnaye-des-Bois, tome XVIII, p. 643.

Soland (de); — dont Guillaume, général de division en 1794; Aimé archéologue et botaniste angevin, XIXe siècle ; Théobald, conseiller à la Cour d'Angers, député de Maine-et-Loire en 1883.

Cette famille porte actuellement :

Écartelé aux premier et quatrième d'or au lion de sable ; au deuxième d'azur à trois étoiles d'argent ; au troisième d'azur à trois sautoirs d'argent.

Peintures, portraits du XVIIIe siècle. — Sceau. — V. Pantin.

Solcé (de), v. de Loubes.

Solesmes (Michel de), abbé du Perray-Neuf, 1502.

Solimon de Margats.

D'or à un chevron de sable accompagné de trois aigles d'argent.

D'Hozier, mss., p. 884.

Sollain (du), v. Boylesve.

Sommeloir (de), v. Dreux.

Somploire (de), v. Barillon.

Sonnois (de), v. de Coesme.

Sonzac (de), v. de Béthune.

Sorges (de), v. Le Gay, — du Gay, — de Bomez.

Sorhoët ou Sorhoëtte ou Sorhouet, — de Beaumont, — du Bois-de-Soulaire, — de Beauvois, — de la Peroussaie, — de la Ferrière, — de Pommerieux ; — dont Pierre, lieutenant de l'artillerie des îles de Ré et d'Oléron en 1698.

D'or a un arbre de sinople arraché de sable au pied soutenu d'un sanglier de sable, au chef d'argent chargé d'une aigle à deux têtes éployée de sable couronnée d'or.

Armorial mss. de Duplessis, p. 18. — Ménage, histoire de Sablé, p. 138. — Audouys, mss. 994, p. 161. — Mss. 995. pp. 63, 118. — D'Hozier, mss., p. 59. — Le même, p. 148, dit *l'aigle couronnée de sable.*

Sorinière (de la), v. du Verdier, — d'Escoublant,

Soubise (de), v. de Rohan, — de Parthenay.

Soucelles (de) ; — dont François, chevalier de Malte en 1526 ; Anceau et Marc, partisans protestants au XVIᵉ siècle.

De gueules à trois chevrons d'argent.

Mss. 703. — Gohory, mss. 972, p. 103. — D'Hozier, mss., p. 84. — Gaignières, Armorial mss., p. 6. — Audouys, mss. 994, p. 160. — Ménage, p. 436. — Mss. 995, p. 86. — Gencien, mss. 996, p. 63. — Dessin de Gaignières à Oxfort, d'après un tombeau à l'abbaye de Chaloché. — V. Boylesves.

Souchard.

De gueules à une souche au tronc d'arbre d'or.

D'Hozier, mss., p. 1399.

Souche (de la), v. Louet.

Soulaine (de), v. de la Tribouille.

Soulaines (le prieuré de).

De sable à une crosse d'argent accompagnée de deux étoiles d'argent.

D'Hozier, mss., p. 1384.

Soulaines (le prieuré couventuel des religieux benédictins de Saint-Pierre de).

D'azur à une bande d'or chargée d'une fleur de lis de sable.

D'Hozier, mss., p. 1389.

Soulaire (de), v. Gilles.

Soulère (de), v. de Portebise.

Soulier (du), v. Raoul.

Soulpuy (de), v. de Bournan, — de Chérité, — Poisson.

Source (de la), v. Frubert.

Sourches (de), v. de Sanzay, — Rabestan, — du Bouchet.

Sourdeau.

D'azur à une rose d'argent.

Les de Sourdeau portaient pour devises : *De Sourdeau, Hayne aux villains !*

D'Hozier, mss., p. 1004.

Sourdeau de Beauregard; — dont Jean François, maître des comptes de Bretagne, 1785; Jean Frédéric, conseiller à la Cour d'appel d'Angers, 1816.

D'azur à un croissant de trois étoiles le tout d'or.

Armor. de Bachelin Deflorenne. — La généalogie imp. de Barigé (Annales de la Société de Bourges), dit :

D'azur au chevron d'or accompagné de trois étoiles d'argent en chef et d'un croissant de même en pointe.

Sourdille de la Morinière, — de la Touche-Moreau, — de la Grêleraie, — de l'Escoublère, — d'Erbrée, — de la Valette, — de Chambresais; — dont René, conseiller au présidial de Châteaugontier.

D'azur à un chevron d'or accompagné de trois molettes de même, deux en chef et une en pointe, celle-ci soutenue d'un croissant aussi d'or.

D'Hozier, mss., pp. 423, 440. — Le *croissant* est la brisure des cadets, d'après Audouys, mss. 994, p. 160.

Sourdis (de), v. d'Escoubleau.

Sourdre (de), v. de Vrigné.

Sourilles (de), v. Chaumejan.

Sousan (de), v. Curieux.

Soussay (de) de la Guichardière, — d'Echaubroigue, — de la Brosse-Andrault.

De gueules à trois coquilles d'or posées deux en chef et une en pointe.

D'Hozier, mss., p. 322. — Armorial de Courcy. — Audouys, mss. 994, p. 165.

Sousson d'Hully (de) de Vernelle.

De sable à un lis au naturel posé en pal surmonté d'un soleil d'or accompagné en pointe de trois étoiles d'argent rangées.

D'Hozier, mss., p. 347.

Souvardaine (de), v. de Cheverne, — Garnier.

Souvigné ou Souvigny (de) de la Roche-Boisseau, — de Nueil-sous-Passavant.

De gueules à la bande fuselée d'argent de cinq pièces entières et deux demies.

Audouys, mss. 993, p. 162. — Ménage, p. 413. — Gohory, mss. 972, p. 62. — Gaignières, Armorial, mss., p. 27. — D'Hozier, mss., p. 317. — Roger, mss. 995, p. 11. — Gencien, mss. 996, p. 63.

Souvigné (de) de Seillons.

Écartelé aux premier et quatrième de gueules, à six losanges d'argent posés trois, deux et un ; aux deuxième et troisième de... au lion rampant de...

Roger, mss. 995, p. 14. — V. Dolbeau, — Fontenelle, — Goureau, — de Seillons, — de la Corbière, — d'Aché.

Souvigny (de), v. Souvigné, — Chauvel.

Souvré (de) de Courtenvaux ; — dont Gilles, maréchal de France, gouverneur de Touraine en 1589 ; Gilles, abbé de Saint-Florent-de-Saumur, † mort en 1631.

D'azur à la bande d'or de cinq pièces.

Mss. 995, p. 68. — V. Coustard.

Souzelles (de) d'Etival.

D'argent à trois chevrons de gueules.

D'Hozier, mss., p. 300.

Souzenelle (de), v. de Tillon.

Staigne (de) du Val de Bault ou du Bost, — du Coudray ; — dont un maire de Clefs en 1817.

De sable à un losange d'argent vidé de gueules et chargé de quatre teignes de...

Sceau XIXᵉ siècle.

Stapleton (de) de Trèves.

D'argent au lion d... armé et lampassé de...

Audouys, mss. 994, p. 164.

Subellerie (de la), v. Drouet.

Subrardière (de la), v. du Buat.

Sublet (Michel), abbé de Bellefontaine, 1615 † 1649.

D'azur à la chaînette de pierres d'or et d'argent.

L'écu sommé d'une crosse abbatiale en pal et timbré d'un chapeau de gueules à cinq rangs de houppes.

Sceau. D. P.

Suhard.

Palé d'argent et de gueules de six pièces.

D'Hozier, mss., p. 918.

De gueules à un arc d'or.

D'Hozier, mss., p. 1384.

Sully (de), v. de la Trémouille, — Rochepot.

Supplicière (de la), v. du Puy-du-Fou.

Sureau de la Garanne.

D'azur à un chevron d'or accompagné de trois étoiles de même.

D'Hozier, mss., p. 981.

Surgeres (de).

De gueules fretté de vair.

Sculpt. XVIᵉ siècle au château de Serrant. — Mss. 995, p. 69. — V. Maingot.

Surineau (de), v. d'Aubigné.

Suyrot.

Gironné d'argent et de gueules de huit pièces celles d'argent char-
gées, savoir: le premier et le quatrième chacun de trois fasces de
gueules, le deuxième et le troisième chargés chacun de trois pals de
gueules.

D'Hozier, mss., p. 532.

Suze (de la), v. de Champagne, — de Chamillart, — de Champaigne, — de Craon.

T

Tabitaiche (de), v. Le Clerc.

Tabotière (de la), v. Menon.

Tahureau.

D'argent à trois hures de sanglier de sable, armées d'argent.
Mss. 993. — Armorial de Courcy.

Tailledrap (de), v. de Daillon, — Crespit.

Taillefort (de), v. Cuissart.

Taillepied (de), v. Petit.

Taillis.

D'argent au lion de gueules.
Généalogie des de Quatrebarbes.

Tailprest (de), v. Petit.

Talbot (de), v. de la Roche-Talbot.

Talhouet (de), v. Callon, — de la Pierre.

Tallour ou **Talour** ou **Thalour** de la Carterie, — de la Villonière ; — dont Jean, conseiller à la chambre des comptes de Bretagne en 1740.

D'azur à la croix pattée d'argent chargée au milieu d'un cœur de gueules.

Audouys, mss. 994, p. 167.

Tallour.

De gueules à une bande d'or accompagnée de six annelets d'argent mis en orle.

D'Hozier, mss., p. 962. — V. Thalour.

Talonneau.

De sable à un sautoir d'or.

D'Hozier, mss., p. 1021.

Tancarville (de), bienfaiteurs de l'abbaye de Saint-Georges.

De gueules à l'orle d'étoiles d'or ; un écu d'argent damasquiné de feuillages d'azur.

Dessin de Gaignières à Oxfort, d'après un tombeau de pierre à l'abbaye de Saint-Georges.

Tandron.

D'argent à une croix ancrée de sable.

D'Hozier, mss., p. 1215.

Tandronnière (de la), v. d'Espagne.

Tanguy ou Tanneguy le Veneur, — de Tilliers, — de Carouges, — de Bécon.

De gueules à la bande d'argent chargée de trois sautoirs alaisés d'azur.

Audouys, mss. 994., p. 168.

Tanquerel.

D'argent à trois ormes de sinople (qui est des Ormes) *le chef de gueules chargé d'un croissant issant d'argent accompagné de deux étoiles d'or.*

Sceau.

Tardivière (de la), v. Pelisson.

Tarente (de), v. d'Antioche, — de la Trémouille.

Taret.

De sable à une fasce d'argent écartelé d'argent à une bande de sable.

D'Hozier, mss., p. 1516.

Tarin de Montbertault ou Montbretault ; dont Jean, recteur de l'Université de Paris, lecteur du roi, 1580-1666 ; Pierre, gouverneur de Saint-Domingue en 1683, et Jean aussi lecteur du roi au xviie siècle.

D'azur à un chevron d'or chargé sur la pointe d'un chou arraché de sinople accolé d'un serpent d'or et sur les branches du chevron de deux souches d'arbre arrachées de sinople et accompagnées de trois chevreuils d'or, deux en chef et un en pointe, celui-ci surmonté d'un croissant d'argent duquel sort une flamme de gueules, et d'un chef danché d'argent chargé de trois tarins au naturel.

D'Hozier, mss., Généralité de Paris, tome I, p. 1110.

Tartedie (de la), v. du Perrais.

Tassinière (de la), v. de Cherité.

Taudou.

De gueules à une bande d'argent.

D'Hozier, mss. p. 900.

Taulpin de la Gautrie, — de la Marche, — de la Barre, — de Beauvais, — de la Frardière ; — dont René, écuyer, trésorier de France au bureau des finances de Tours, mort en 1769.

De gueules à la fasce d'or accompagnée en chef d'une colombe tenant en son bec un rameau d'olivier et en pointe d'un lion, le tout d'or.

Carré de Busserolle, Arm. de Touraine. (Cette famille est éteinte en Garreau, Aubin de la Bouchetière et du Reau de la Gaignonnière.

Taunay (de), v. Boylesve.

Taupier ; — dont Pierre, maire d'Angers en 1522.

D'argent à la fasce de gueules, chargée au milieu d'une étoile d'or, et accompagnée de trois croissants montants de gueules posés deux en chef et un en pointe.

Audouys, mss. 994. p. 168. — Mss. 993. — Gencien, mss. 996, p. 3. — Gaignières, Armorial mss., p. 83. — Mss. 703 de la Bibliothèque Nationale. — Gohory, mss. 972, p. 148.

Taurouault (de), v. de Goyon.

Taveau de Mortemer.

De gueules au chef de vair.

Audouys, mss. 994, p. 171. — Gencien, mss. 996, p. 64. — Mss. 995, p. 73.

Teard.

D'argent à une tête de maure de sable accompagnée de trois roses de gueules, deux en chef et une en pointe.

D'Hozier, mss., p. 1337. — V. Theard.

Teigne (de la), v. Trochard.

Teil (du), v. de Villiers.

Teildray, v. Cupif.

Teillay (du), v. du Buat, — de Tessé.

Teillaye (de la).

D'argent à deux fasces de gueules, chargées de cinq losanges d'or posés trois et deux, au lion d'azur brochant sur le tout.

Mss. 993. — Audouys, mss. 994, p. 172. — V. Guyot.

Teilleul ou Tilleul (du), du Layeul, — du Vau, — des Forges, — du Verger.

De sable à la bande d'or au chien à grands poils passant d'argent accolé de gueules, brochant sur le tout.

Audouys mss. 994, p. 167. — Roger, mss. 995, p. 18. — Gaignières, Armorial mss., p. 23. — Gencien, mss. 996, p. 66. — Mss. 993. — Gohory, mss. 972, p. 88. — V. de la Barre.

Teillières (de), v. de la Brunettière.

Temple (du), v. Pilgault.

Temple-Nouvel (du), v. Bodin.

Templiers (les) d'Angers, v. Angers 9°.

Tenaillé.

D'azur à trois annelets d'or.

Audouys, mss. 994, p. 171.

Tenières (de), v. de la Croix, — de la Rouaudière.

Teraudière (de la), v. Gouin.

Teraudrie (de la), v. Gaudon.

Terizel (du).

D'or au léopard lionné de gueules.

Audouys, mss. 994, p. 171.

Ternay (de), v. de Beauvau.

Terrail d'Orneyson.

D'azur au chef d'argent chargé d'un lion de sable issant, à la cotice d'or en bande brochant sur le tout.

Mss. 993.

Terre (de la), v. de la Guychardière, — Genault.

Terres-Noires (des), v. Jarret.

Terrier.

De gueules à une tour d'argent.

D'Hozier, mss., p. 997. — V. de Lorré.

Terriers (des), v. Garreau.

Tertre (du) du Plessis, — de la Jaille-Yvon, — du Hardas, — de la Coupaière, — de Mée, — de Sancé.

D'or au lion ou au léopard lionné de gueules.

Gaignières, Armorial mss., p. 27. — Mss. 703. — Gohory, mss., p. 28. — Audouys, mss. 994, p. 172. — Roger, Armorial mss., p. 15. — Gencien, mss. 996, p. 65.

Tertre (du) de Goubis, — de Sancé ou Censay, — de Montalais, — de la Gabinellière, — de Bois-Joulain, — de Mée.

D'argent au lion de sable armé, couronné et lampassé de gueules.

Audouys. mss. 994, p. 168. — D'Hozier, mss., p. 122. — Armorial de Dumesnil, p. 19. — D'Hozier, mss., p. 422, ajoute : *le bout de la queue de même.*

Tertre (du) des Roches ; — dont René, lieutenant particulier à la sénéchaussée de Saumur en 1698.

De sable à trois molettes d'or, deux et une, et un chef abaissé d'argent denché par le haut.

D'Hozier, mss., p. 163.

Tertre (du) de Lanée.

D'azur à deux lances d'or posées en pal.

D'Hozier, mss., p. 1273.

Tertre (du) de Savonnières.

De sable à une fasce denchée par le bas d'or, accompagnée de trois molettes à huit pointes de même, deux en chef et une en pointe.

D'Hozier, mss. 171. — V. du Pont. — Brenezay, — Bitault, — de Lancrau, — de Torchart, — de Cornillau.

Terry (Jean), abbé de Chaloché en 1563.

Terves (de) de Glandes, — de Bois-Girault, — de Teildras, — de l'Augoin, — de Lanjouère, — du Margat, — de Contigné, — de la Mabilière, — de Lucé, — de Chartre, — du Plessis ; — dont deux chevaliers de Malte, Maurice en 1522, et Toussaint en 1587 ; Pierre-Charles, chevalier de Saint-Louis en 1774 ; Pierre-Joseph-Louis, chevalier de Saint-Louis en 1814 ; Roger, officier d'ordonnance du général de Lamoricière en Italie, 1860, chef de bataillon aux mobiles de Maine-et-Loire en 1870 ; Léonce, député de Maine-et-Loire en 1883.

D'argent à la croix de gueules cantonnée de quatre mouchetures d'hermines de sable.

Audouys, mss. 994, p. 169. — D'Hozier, mss , p. 92. — Mss. 993. — Mss. 703 de la Biblioth. Nationale. — Lainé, Archives de la noblesse de France, t. VIII.

Tervois ? (de).

D'azur à un paon rouant d'or.

Roger, mss. 995, p. 11.

Tessé (de) du Teillay.

D'argent à la fasce frisée de sable accompagnée de trois molettes d'éperon de même, deux en chef et une en pointe.

Audouys, mss. 994, p. 170. — Mss. 993. — Gencien, mss. 996, p. 65 donne aux Tessé de Mergot et de Bularum ainsi que le mss. 995, p. 94 :

De sable à la fasce d'argent frettée de sable accompagnée de trois molettes d'argent ou de sable.

Tessé.

D'azur à une aigle d'or.

D'Hozier, mss., p. 867.

Tessé (de) de la Ferrière.

D'or à trois fers de chevaux d'azur.

Gohory, mss. 972, p. 127. — Audouys, dit *six fers, posés trois, deux et un.*

Tessé (de) de Mergot, — de Saint-Loup, — du Grip, — de la Haie-Neuve, — de la Roë, — de Bularum.

De sable à un lion d'or.

Gohory, mss. 972, p. 18. — Roger, mss. 995, p. 8. — Gaignières, Armorial, mss., p. 14. — Audouys, mss. 994, p. 170. — Sculpt. à Mergot, paroisse de Miré. — V. Savary, — Le Gagneur, — de Thessé.

Tessecourt, v. Le Chat, — de Mauguy.

Testard de l'Auberdière.

D'azur à une tête humaine d'argent dans des flammes de gueules.

D'Hozier, mss., p. 879.

Testard des Bournais.

D'or à une rose de gueules boutonnée d'or.

Sceau.

Testu de Pierre-Basse, — de la Galaisière, — de Balincourt, — d'Hedouville, — de Bouloir; — dont Charles, abbé de Toussaint d'Angers, 1681 ; Claude-Guillaume Testu de Balincourt, maréchal de France 1746.

D'or à trois léopards de sable armés de gueules l'un sur l'autre, le premier et le troisième tournés à senestre et le deuxième à dextre, celui du milieu couronné, lampassé et armé de gueules.

Devise: *Vis leonis.*

Audouys, mss. 994, p. 169. — Gaignières, Armorial, mss., p. 62 dit : *les léopards de sable armés de même.* — D'Hozier, mss., p. 1528 donne aux Testu de Pierre-Basse :

D'azur à une bande d'or écartelé d'or à une barre d'azur.

Teuinière (de la), v. Papin.

Thabault (Silvin), abbé de Saint-Georges-sur-Loire en 1586.

Thais.

D'argent à deux fasces d'azur.

Mss. 995. p. 57.

Thalour de la Cartrie-Talour.

D'argent à une fasce de sable accompagnée de trois merlettes de même.

D'Hozier, mss., p. 934. — V. Tallour.

Theard.

De gueules à un sautoir d'or.

D'Hozier, mss., pp. 1192, 1193. — V. Teard.

Théard (Guy), curé d'Épiré, 1696-1723.

De gueules à une croix clichée d'or pommetée de douze pièces d'argent.

D'Hozier, mss., p. 558. — V. Téard.

Thébaudière (de la), v. du Bois.

Theil (du), v. de Joubert.

Thessé (de).

De... à la fasce losangée de...

Dessin de Gaignières à Oxford, d'après un tombeau à Jazé. — V. de Tessé.

Theullier.

D'argent à un lion d'azur.

D'Hozier, mss., p. 1216.

Thevale (de) de Creant, — de Bouillé, — d'Aviré ; — dont Jean, gouverneur, de Metz, chevalier du Saint-Esprit en 1581 ; Jean, maréchal de France, 1562,

D'or à trois annelets de sable, posés deux et un.

Roger, mss. 995, p. 4. — Gohory, mss. 972, pp. 93, 128. — Audouys, mss. 994, p. 167. Mss. 995, p. 63. — Le mss. 703 dit aussi :

D'azur à trois annelets d'argent.

Une note citée par Audouys dit encore :

Parti de gueules et d'azur, au premier chargé de trois fasces d'or, le deuxième de trois annelets d'or posés deux et un.

Thevin de la Chotardière.

D'or à une étoile de sable accompagnée de trois coquilles de même posées deux et une.

Armorial de Courcy. — M. Célestin Port, Diction., tome III, p. 572, dit : *l'étoile de gueules de six rais.*

Thevin de la Dublière, — de la Chotardière ; — dont Robert, maire d'Angers en 1518.

D'or à trois coquilles de sable posées deux en chef et une en pointe ; et en cœur de l'écu, une étoile aussi de sable.

Mss. 703. — Audouys, mss. 994, p. 167. — Mss. 993. — Gencien, mss. 996, p. 3 et le mss. 993 disent... comme M. Lambron de Lignim :

D'argent à trois coquilles d'azur et une étoile de gueules en cœur...

Gohory, mss. 972, p. 148 et Carré de Busserolle donnent au maire d'Angers :

D'argent à une étoile de gueules et trois merlettes de sable.

Gaignières, Armorial, mss., p. 83, dit :

D'argent à l'étoile de gueules en cœur accompagnée de trois merlettes de sable posées deux en chef et une en pointe.

Thevinière (de la), v. Papin.

Thiard de Bissy, abbé de Saint-Florent de Saumur, 1721-1729.

D'or à trois écrevisses de gueules.

Devise : *Retrocedere nescit.*

Sculpture, église de Meigné. — J. B. Rietstap. Armorial.

Thibaudière (de la), v. Le Blanc, — Hunaud.

Thibault.

D'argent à une croix ancrée d'azur.
D'Hozier, mss., p. 1017.

De gueules, à trois bandes d'argent.
Losangé d'or et de sinople.
D'Hozier, mss., pp. 1013, 1019.

Palé d'argent et de gueules de six pièces.
D'Hozier, mss., pp. 1012, 1139.

Bandé d'argent et de gueules.
D'Hozier, mss., p. 1134.

Thibault; — dont Nicolas, officier de la maison du roi, receveur au grenier à sel de la Flèche en 1698.

D'azur à une main dextre ouverte, fleurdelisée de fleurs de lis sans nombre d'or et posée en fasce de senestre à dextre.
D'Hozier, mss., p. 337.

Thibault-Cailleau, docteur ès-lois, avocat fiscal d'Anjou en 1517.

De gueules à trois pals d'or écartelé de gueules à trois bandes d'or, à la bordure d'argent besantée de sable.
Mss. 993. — V. de la Bigottière.

Thibault (de) de la Rochethulon.

D'argent à un chevron d'azur et un chef de même.
Mss. 439,

Thibault de la Pinnière, — des Boulinières.

D'argent à la fleur de lis d'or accompagnée de trois molettes d'éperon de même posées deux en chef et une en pointe.
Audouys, mss. 994, p. 171. — Un Thibault de la Carte, en Poitou, écussonne:
D'azur à trois tours d'argent maçonnées de sable posées deux et une.

Thibeaudeau (Jacques), curé de Turquant en 1698.

D'azur à deux tibauds ou rouleaux d'or passés en sautoir, alaisés, accompagnés de trois étoiles d'argent posées une en chef, deux aux flancs et deux croissants d'argent en pointe.
D'Hozier, mss., p. 602.

Thibergeau de la Pilletière, — de la Motte-Thibergeau, — de Flée, — de Thoiré.

D'argent au chevron de gueules accompagné de trois coquilles de même, la pointe du chevron émoussée d'un lambel sans pendants, alaisé de même.

Roger, mss. 995, p. 14. — Audouys, mss. 994, p. 168. — D'Hozier, mss., p, 353. — Mss. 995, p. 104. — Gencien, mss. 996, p. 65. — Gaignières, Armorial, mss., p. 41. — Gohory, mss. 972, p. 15.

Thielin de Monfrou, — de Lorière.

D'azur à six gerbes de lin d'argent liées de gueules, mises en orle au chef de même.

Audouys, mss. 994, p. 167. — Gencien, mss. 996, p. 66, dit : *posées trois, deux et une...*

Thiercé (de), v. Drouet

Thiers.

D'argent à un tiercelet de sable becqué d'or.

D'Hozier, mss., p. 794.

Thierry de la Prévalaie, — de l'Angeraie, — de Boisorcant, — d'Erigné, — de la Barrière-Chaujust, — des Haies, — de la Moisandière, — de la Marinière, — des Mats, — de l'Angevinière, — de Vangeau, — de Saint-Aubin de Pouancé.

D'azur à trois têtes de lévrier d'argent colletées de gueules, clouées et bouclées d'or.

Devise : *Fortitudo mea Deas.*

Mss. 995, p. 110. — Audouys, mss. 994, p. 168. — Mss. 993. — Gencien, mss. 995, p. 65. — Mss. 703. (Cette famille était l'alliée des Puy-Gaillard).

Thierry de la Viellière ; — dont Perrinet, sergent et voyer des eaux et forêts d'Anjou en 1480.

D'argent à une fasce de gueules chargée d'un limier d'argent accolé et bouclé d'azur.

Mss. 995, p. 116. — Un sceau moderne dit *de sinople au limier courant d'or accompagné de trois molettes de même. deux et une.* — D'Hozier, Armorial, mss., p. 349, dit de même, sauf que *la levrette est accompagnée de trois besans d'or chargés chacun d'une molette de gueules et posés deux et un.*

Thierry.

D'argent à trois tourteaux d'azur.

Mss. 703 de la Bibliothèque Nationale. (Cette famille était l'alliée des Turpin de la Grézille).

Thieslin, v. Thielin.

Thionville.

De sinople à trois limaçons d'argent posés deux et un ; et un écusson de même en cœur, chargé de trois merlettes de sable, posées deux et une.

Audouys, mss. 994, p. 113.

Thimbrume (de) de Valence ; — dont Marie-Louise, abbesse de Fontevrault † en 1765.

D'azur a la bande d'or, accostée de deux fleurs de lis de même, sommée d'une couronne ducale.

Sceau, cité par M. Célestin Port, tome III, p. 575.

Thimerais (de), v. du Serreau.

Thiré (de), v. de Feschal.

Thoaynon ou **Thoisnon** de la Gaubretière, — du Pont-de-Varenne, — de la Gloriette, — de la Guinaise, — de la Hounaye, — de la Felonnière.

De sable au sautoir d'argent cantonné à dextre et à senestre d'une gerbe d'or, en chef ; et en pointe d'un croissant d'argent.
Cauvain.

Thoiré (de), v. de Thibergeau, — Toiray.

Tholigny (de) d'Albigny, — de Bully, — de Montroman.

Fascé d'or et de sable de quatre pièces.
Mss. 993.

Thomas.

De gueules à une aigle d'or et un chef d'argent chargé de deux croissants de même.

D'Hozier, mss., p. 1338.

D'azur à trois tulipes d'argent posées deux et une.
D'Hozier, mss., p. 1274.

Thomas de Jonchères, — de la Joussaye, — de Fontenay, — de la Rousselière, — de la Guittonnière, — de la Feslerie, — de la Thibaudière ; — dont Elie, conseiller au présidial d'Angers en 1698 ; Jacques, commissaire aux revues et logements des troupes en la ville d'Angers au XVIIᵉ siècle ; Pierre, lieutenant criminel de robe courte en la sénéchaussée de Beaufort en 1699 ; Jacques, conseiller au présidial d'Angers, 1698.

D'argent à une tête de maure de sable tortillée d'argent, accolée, bouclée et éclairée de même.

Audouys, mss. 994, p. 170. — Armorial mss. de Dumesnil, p. 19. — D'Hozier, mss., pp. 77, 89, 129. — De Soland, Bulletin de l'Anjou, 1869, p. 292.

Thomasseau.

D'argent à trois chevrons de gueules.

D'Hozier, mss., p. 936.

Thomasseau.

De sable à une barre d'argent écartelé d'argent à une bande de sable.

D'Hozier, mss. 1512.

Thomasseau de Cursay, — de Landry ; — dont Joseph, professeur à la faculté de médecine de Paris au XVIIIᵉ siècle.

De sable à l'émanché d'argent posé en pointe de cinq pièces.

Audouys, mss. 994, p. 170. — Grav. de P.-P. Chauffard. — (Voir l'article de M. Célestin Port dans la Revue d'Anjou, 1877, tome I, p. 264 et Dictionnaire de Maine-et-Loire, tome III, p. 576).

Thoret.

D'azur à l'écusson d'argent chargé d'une tête de taureau de gueules.

Mss. 995, p. 57.

Thorigné (de) de Ramefort.

De gueules au lion d'hermines armé, lampassé et couronné d'or, à la bordure de sable besantée d'or qui est d'Aubigné.

Audouys, mss. 994, p. 171, d'après le cartulaire de la Haye-aux-Bonshommes. — Gencien, mss. 996, p. 65. — Gohory, mss. 972, p. 34, ne donne pas *la bordure...* — V. Foulques..

Thorigny (de), v. Goujon.

Thorodes (de) de Gastines, — de la Pichonnière, — de la Brosse, — de Pontlevoy, — de la Séguinière, — des Landes.

D'argent à la bande componée d'azur et de sable de six pièces, les trois de sable chargées chacune d'un lionceau passant d'or.

Gaignières, Armorial, mss., p. 62. — Roger, mss. 995, p. 11. — Gohory, mss. 972, p. 58. — Mss. 995, p. 85. — Gencien, mss. 996, p. 65. — Audouys, mss. 994, p. 168. — L'histoire de Malthe dit : *De gueules à la bande de sable séparée de quatre bâtons d'azur, mis en barre entre lesquels il y a trois lions d'or*, et le mss. 703 dit : *D'argent à la bande componée d'or et de gueules.*

Thormerie (de), v. Gorran.

Thory (de).

D'or à une barre de sinople écartelé de sinople à une barre d'or.

D'Hozier, mss., pp. 1510.

De sinople à une bande d'or écartelé d'or à une fasce de sinople.

D'Hozier, mss., p. 1515.

D'or à trois chevrons de gueules au lambel à trois pendants de.... en chef.

Sculp. au château de Boumois.

D'argent à deux fasces de gueules accompagnées de sept merlettes de même, quatre en chef et trois en pointe.

Rép. archéol. de l'Anjou, 1859, p. 100.

Thory (de) de Boumois, — de la Tuffière, — de la Vieillière, — de Launay.

D'argent au lion de gueules.

Audouys, mss. 994, p. 170. — Le même, p. 169, donne aux Thory de la Vieillère et de Launay :

D'argent à une fasce de gueules chargée d'un limier d'argent accolé et bouclé d'azur.

V. Boumois.

Thou (de) ; — dont Nicolas et Jacques Augustin, neveu du précédent, abbés de Bellefontaine, fin du XVIᵉ siècle ; et Augustin, abbé de la Roë en 1635.

D'argent au chevron du sable accompagné de trois abeilles de même, posées deux et une.

Sceau. D. P.

Thouarcé (de), v. Gaborin, — de Rochefort, — du Bellay, — du Pineau, — de Cossé.

Thouarcé (le prieuré de Saint-Jean de), dépendant de l'abbaye de Saint-Florent.

De gueules à un chevron d'argent accompagné de trois lions de même.

D'Hozier, mss., p. 874.

Thouars (de) de Candé ; — dont Aimery, sénéchal d'Anjou, de Touraine et du Maine pour le roi Jean-sans-Terre en 1200.

D'or semé de fleurs de lis d'azur, brisé en chef d'un canton de gueules.

Audouys, mss. 994, p. 169. — Le mss. 995, p. 62, donne pour brisure un *canton de gueules.* — L'histoire de Sablé, p. 393, Audouys, mss. 994, p. 171 et Gencien, mss. 996, p. 66, disent de même et ajoutent : *Parti de la Guerche-Pouancé* qui est : *D'or à deux léopards de gueules.* D'après le mss. 703, les anciennes armes de cette maison étaient : *D'or à l'orle de merlettes de gueules au franc quartier de même.* — V. Gaborin, — de la Trémouille.

Thouvoye, v. Touvoy, — du Mortier.

Thubœuf (de) de Luserie.

D'argent à six mouchetures d'hermines de sable posées trois, deux et une.

Mss. 703 de la Bibliothèque Nationale.

Thuisseau (de), v. Ribault.

Thune (de), v. Le Jumeau.

Thuvau (du), v. de la Rouaudière.

Tibaudière (de la).

De gueules à un chevron d'or.

D'Hozier, mss., p. 884.

Tibaudière-Hunaud (de la).

Fascé d'argent et de gueules de huit pièces.

D'Hozier, mss., p. 94.

Tibergeau, v. Thibergeau.

Tiercé (de), v. Le Pannetier, — de la Prioullière.

Tiercé (le prieuré cure de), dépendant de l'abbaye de Toussaint.

D'argent au chevron de gueules accompagné en chef de deux flammes de même et en pointe d'un massacre de cerf de sable, et un chef d'azur chargé de deux étoiles d'argent.

D'Hozier, mss., p. 544.

Tiercelin.

D'argent à deux tierces passées en sautoir de sable, cantonnées de quatre merlettes de même.

Gencien, mss. 996, p. 65. — Mss. 995, p. 107. — Gohory, mss. 972, p. 58, dit : *Deux jumelles en sautoir d'azur et les quatre merlettes de sable...* V. d'Apellevoisin.

Tiffauges (de), v. de Jousseaume.

Tigeou de la Tigeouère, — des Marchais ; — dont François, chevalier de l'ordre, gentilhomme d'honneur de la reine, 1563.; René, chevalier de Malte en 1567 ; Thomas, docteur médecin à Angers en 1574.

De sinople à la croix au pied fiché d'or, accompagné de trois losanges d'argent posés deux et un.

Sceau. — Le Mss. 703. dit : *Le champ d'azur et deux losanges en chef et un demi en pointe...*

Tigné (de), v. du Chastaignier.

Tigné ou Tigny (de).

Armes anciennes :

D'or à une croix pattée et alaisée, mi-partie de sable et de gueules.

Audouys, mss. 994, p. 167. — Mss. 995, p. 83. — Gencien, mss. 996, p. 64. — Le Mss. 703 dit *d'argent au lieu d'or..* — Gaignières, Armorial, mss., p. 15, dit : *D'argent à la croix pattée de sable...* et D'Hozier, mss., p. 613 donne les armes suivantes :

D'azur au chevron d'or accompagné de trois roses de même, deux en chef et une en pointe.

V. Jacob, — d'Aubigné.

Tigny (de), v. de Beauvau.

Tilbourg (de), v. de la Tourlandry.

Tildras.

D'azur au chevron d'or accompagné de trois trèfles d'or.

Mss. 703.

Tilleul (du), v. du Teilleul.

Tillières (de), v. Leroux.

Tilliers (de), v. Le Veneur, — Tanguy

Tillon (de) de Sacé, — de la Berthière, — de la Faye,
— du Grollay, — du Chesne, — de la Cherbonnerie, —
de la Rallière, — de Souzenelle, — de Varannes ; — dont
Jean, abbé de Saint-Serge en 1483-1501.

*De sable à deux épées d'argent passées en sautoir, garnies d'or
les pointes en bas.*

Mss. 995, p. 99. — Gohory, mss. 972, p. 19. — Audouys,
mss. 994, p. 167. — Mss. 993. — Peinture xvi° siècle, ch. de la
Touche-Moreau. — Epitaphe dans l'église de Saint-Serge. —
Gencien, mss. 996, p. 65. — Roger, mss. 995, p. 5. — Gaignières, Armorial, mss., p. 75. — Une note citée par Audouys,
p. 167, et M. de Busserolle, disent... *les pointes en haut...* —
V. de Varennes.

Tilloy ou Tellois (du), v. Capel.

Tilly (de), v. de Valory.

Timeur (du), v. de la Bourdonnaye.

Tinteniac ou Tintiniat (de) du Percher, — de
Quimer, — de Neuville, — des Vens, — des Coquerais ; —
dont Jean et Hélie, abbés de Saint-Aubin d'Angers ;
1493-1522.

*D'argent à trois fasces de gueules, à la bande d'or chargée de trois
lions léopardés d'azur brochant sur le tout.*

Audouys. mss. 994, p. 169. — Mss 993. — Roger, Armorial,
mss. p. 10. — Gencien, mss. 996, p. 64. — Gaignières, Armorial. mss. p. 69. — Mss. 995, p. 91. — Audouys, mss. 994,
p. 169. dit : *le champ de gueules, les fasces d'argent et la bande
d'azur chargée de trois lions d'or.* — Gohory, mss. 972. p. 44,
n'indique pas les lions. — Gencien, mss. 996, p. 64, dit aussi
comme le mss. 995, p. 72 :

*D'argent à deux jumelles d'azur au bâton de gueules brochant
sur le tout.*

Le mss. 995, p. 83, dit encore :

D'argent à trois lambels d'azur au chef de gueules.

Devise : *Omnia prætereunt.*

Sculpture : Tombe en cuivre dans l'église ruinée de Saint-Aubin d'Angers, avec les armes citées les premières, mais *la bande
d'argent ?*

Tiotière (de la), v. Poullain.

Tiraqueau.

D'argent à la fasce de sable soutenant trois perdrix de sable.

Audouys, mss. 994, p. 169 et le mss. 995, p. 95, disent...
la fasce surmontée de deux merlettes de même...

Tiremouche (de), v. Carrefour.

Tirlière (de la), v. Poulain.

Tirpoil (de), v. Hector.

Tissonnière (de la), v. du Bois-Béranger.

Tissier.

D'azur à deux navettes de tisserand d'or couronnées de même.

D'Hozier, mss., p. 1433.

Tiuvy (de), v. de Garlende.

Toché.

D'azur à deux épées d'argent passées en sautoir accompagnées de quatre écussons de même.

D'Hozier, mss., p. 868.

Tocqué.

D'azur à trois pals d'or.

D'Hozier, mss., p. 985.

Toiray (de).

D'argent à un écu de gueules.

Mss. 995, p. 75. — V. Thibergeau.

Toisonnier.

D'azur à une toison d'or.

D'Hozier, mss., p. 866.

Tolède (de), v. d'Albe.

Tonnelier.

D'or à une barre de sable écartelé de sable à un pal d'or.

D'Hozier, mss., p. 1521.

Un Tonnelier dit « curé de l'abbaye de Saint-Georges-sur-Loire en 1700 », par d'Hozier, portait au dire du mss. de ce généalogiste, p. 783 :

D'azur à une main dextre d'argent mouvante de l'angle senestre de la pointe, tenant un cœur d'or enflammé de gueules et percé en barre d'une flèche d'or ferrée et empennée d'argent.

Tonnerre (Catherine de), abbesse du Ronceray, 1499.

De gueules à la bande d'or.

Rietstap, Armorial, p. 1044.

Torbechet, v. de Monteclair.

Torchart (de) de la Giraudière, — de la Panne, — du Tertre, — de la Chevallerie, — de la Gauvrière, — de la Mourière, — de la Bigottière, — de la Beraudière.

D'or à cinq bandes ou cotices de gueules, au canton d'argent chargé d'un porc-épic de sable.

Audouys, mss. 994, p. 168. — Gaignières, Armorial, mss., p. 27. — Roger, mss. 995, p. 11. — Gohory, mss. 972, p. 64. — D'Hozier, mss., p. 356. — Mss. 995, pp. 64, 97. — Gencien, mss. 996, p. 65.

Torpanne (de), v. Chol.

247 — 247 —

Torre-Cremata (Joannes de), maire du palais du Pape Eugène IV, prédicateur du roi Charles VII, cardinal en 1440 † 1448.

D'argent... de gueules en orle timbré d'un chapeau de gueules surmonté d'une croix et entouré d'un autre blason à l'orle de fleurs de lis d'azur.

Timbre : *Chapeau de cardinal à trois rangs de houppes.*

Dessin de Gaignières, à Oxford, t. I, p. 203, d'après un vitrail disparu des Jacobins d'Angers.

Tory (de).

D'argent à deux fasces accompagnées de sept merlettes de gueules quatre en chef et trois en pointe.

Mss. 993.

Touannois (de), v. de Gouffier.

Touarre (de), v. Gaborin.

Toublanc.

De gueules à une tour d'argent.
D'Hozier, mss., p. 1262.
De gueules à un château d'or.
D'Hozier, mss., p. 959.
D'argent à un lion de gueules couronné d'or.
D'Hozier, mss., p. 911.

Toublanc de Belle-Touche.

De sable à trois larmes d'argent posées deux et une.
Sceau.

Toublanc de la Richetière, — de Ponthibault ; — dont Marc, docteur-médecin à Angers en 1605.

De gueules à trois fasces d'argent.
D'Hozier, mss., p. 905.

Toublanc de la Tousche.

De sable à deux aigles d'argent, la tête tournée du côté dextre.
Audouys, mss. 994, p. 172.

Touchais.

De sable à une bande losangée d'argent.
D'Hozier, mss., p. 886.

Touchaleaume.

D'azur à une fasce vivrée d'or.
D'Hozier, mss. p. 885.

Touchardière (de la), v. Marie, — de la Chevallerie.

Touche (de la), v. Le Meignan, — Lefebvre, — Baraton, — de l'Espine, — Cador, — de la Roche, — Toublanc, — d'Escoublant, — Cadu, — Cherité, — de Conquessac, — Bouan, — du Bois, — Sireuil, — Mesnard, — Le Devin, — Collasseau, — Vallet, — Chereau, — Billon.

Touche (de la) de la Limousinière.

De gueules à trois besans d'or posés deux et un.
Audouys, mss. 994, p. 171. — Mss. 995, p. 119. — Gencien, mss. 996. p. 65. — Mss. 993.

Touche (de la) des Roches, — de Luvray, — du Gué, — de Vilaines.

De gueules à trois fusées d'argent.
Mss. 995, p. 54.

Touche-Baranger (de la), v. de Tusseau, — de Meignan.

Touche-Budon (de la), v. d'Augenes.

Touche-Cadu (de la), v. Moysand.

Touche-Moreau (de la), v. Sourdrille.

Touche-Perrault (de la), v. de la Roche.

Touche-Quatrebarbes (de la), v. de Jonchères.

Touches (des), v. de Ville-Neuve, — du Plessis, — Pissonnet, — de la Grüe, — Bazages, — Valeaux, — d'Andigné, — Monnoir, — Chalopin.

Touets (des), v. de Cormeray.

Touillet (du), v. Le Bœuf.

Toulongeon (de), de Mornay.

De gueules à trois jumelles d'argent.

Mss. 995, p. 73.

Toumassaye (de la).

D'argent à trois losanges de gueules posés deux et un.

Audouys, mss. 994, p. 168. — Gaignières, Armorial, mss. p. 60. — Roger, mss. 995, p. 17. — Mss. 995, pp. 112, 123. — Gencien, mss. 996, p. 65. — Gohory, mss. 972, p. 47.

Tour (du).

D'azur à une croix d'argent frettée de gueules.

D'Hozier, mss., p. 916.

Tour (du) de la Haye.

De gueules à deux léopards d'or posés l'un sur l'autre à la bande d'azur brochant sur le tout.

Audouys, mss. p. 994, p. 168. — Gaignières, Armorial, mss., p. 24. — Armorial, mss. de Dumesnil, p. 18. — Gohory, mss. 972, p. 53. — Mss. 995, p. 108. — Gencien, mss. 996, p. 65.

Tour (de la), v. Cazet, — du Boul, — de Boussay, — Gohory, — Landry, — Peffault, — Le Roux, — Le Bel, — Grasmenil, — de Marzé, — Gillier.

Tour (de la) d'Auvergne, — de Beaufort.

D'azur semé de fleurs de lis d'or, à la tour d'argent surmontée d'une fleur de lis d'or au pied coupé.

Mss. 995, pp. 62, 77. — V. Turenne.

Tour-Barbotin (de la), v. Barbotin.

Tour-de-Meniers (de la), v. Berard.

Toureil (du), v. Brehier, — de Chources.

Tour-Gilbourg (de la), v. de la Tourlandry.

Tourguionneau (de), v. Leroux.

Tourlandry (de la) de la Galonnière, — de Châteauroux, — de Bourmont, — du Loroux-Bottereau, — de la Cornuaille, — de la Motte-Cheorcin, — de la Tour-Gilbourg, — de Tilbourg ; — dont Geoffroy taxé six écus pour la rançon du roi Jean en 1360 entre les nobles de Champtoceaux ; Robert, abbé de Saint-Aubin d'Angers en 1154 ; Geoffroy, écrivain angevin du xive siècle.

D'or à une fasce de gueules crénelée et bretessée de trois pièces et demie vers le chef, maçonnée de sable.

Mss. 703. — Audouys, mss. 994, p. 167. — Roger, mss. 995,

p. 1. — Gaignières, Armorial, mss., p. 1. — Mss. 993. — Mss. 995, p. 63. — Gencien, mss. 996, p. 64 — Gohory, mss. 972, pp. 5, 104. — V. de Maillé, — de Melay, — de Jalesne.

Tourmelière (de la), v. de la Beraudière.

Tournelles (des), v. Binet.

Tournemine (de), de la Hunauldaye, — du Bouteiller.

Écartelé d'or et d'azur.

Devise : *Aultre n'auray.*

Mss. 995, p. 61.

Tourneton (de) de la Tuffière.

De gueules au chef de... chargé de trois cœurs de...

Sceau xviii° siècle.

Tour-Neuve (de la), v. Daudin.

Tourneville (de), v. Carion.

Tournon (François de), abbé de Saint-Florent de Saumur, cardinal archevêque de Bourges, 1537.

Écartelé aux premier et quatrième : Parti au premier d'azur semé de fleurs de lis d'or ; au deuxième de gueules au lion d'or qui est de Tournon ; aux deuxième et troisième d'or semé de fleurs de lis d'azur et de tours de même, qui est de Simiane.

Devise : *Non quœ super terram.*

Rietstap, Armorial, p. 1048.

Tours (de), de la Houssaye ; — dont Geoffroy, évêque d'Angers et moine de Cluny ; Gosselin, sénéchal d'Anjou, 1150.

Armoiries inconnues.

Tours (Assemblée générale des trois provinces de la généralité de) en 1787 ; — dont l'Anjou.

Écartelé aux premier et quatrième d'azur semé de fleurs de lis d'or ; aux deuxième et troisième de... semé de fleurs de lis d'or ; au franc canton aussi d'azur, au lion passant de...; à une bordure de gueules. Sur le tout de gueules, au château donjonné et crénelé d'argent, à la bordure componnée de Naples, de Sicile et de Jérusalem.

Couronne ducale.

Supports : *Deux palmes, l'une de laurier l'autre d'olivier.*

Carré de Busserolle, Armorial de Touraine, p. 978.

Tour-Saint-Gelain (de la), v. de la Jaille.

Tourteau.

De gueules à une fasce ondée d'argent, accompagnée de trois besans de même.

D'Hozier, mss., p. 893.

Tourtière (de la), v. Renier.

Tourzel (de), v. du Bouchet.

Tousche (de la) et des **Tousches**, v. de la Touche et des Touches.

Toussaint (l'abbaye de), v. Angers 7°.

Toustain ; — dont Gabriel, doyen de l'église collégiale de Saint-Pierre d'Angers en 1698.

De sable à trois piliers d'or posés deux et un en pointe, et une colombe essorant d'argent, becquée et membrée de gueules posée en cœur.

D'Hozier, mss., p. 70. — V. Toutin.

Toutin.

De gueules à trois étoiles d'argent posées deux et une.
D'Hozier, mss., p. 896.

D'or à neuf tourteaux de gueules, posés trois, trois, trois.
D'Hozier, mss., p. 1259. — V. Toustain.

Touvois.

De gueules à trois étoiles d'or posées deux et une, et en cœur un tonneau d'argent.

D'Hozier, mss., p. 1348.

Touvoy (de).

D'azur au paon rouant d'or.

Gencien, mss. 996, p. 65. — Mss. 995, p. 109. — Gohory, mss. 972, p. 57.

De gueules au paon rouant d'or miraillé et ombré de sable.

D'Hozier, mss., p. 650. — Audouys, mss. 994. p. 168. — V. Touvoy.

Touyras (de); dont un maréchal de France au XVIᵉ siècle.

D'or à trois fers de cheval de gueules cloués d'or qui est de Montferrier; écartelé de gueules au lion d'or qui est de Saint-Bonnet de Toyras.

Mss. 995, p. 75.

Traittes (des), v. Goupilleau.

Trancard.

De gueules à un tronc d'arbre d'or.
D'Hozier, mss., p. 1344.

Trape (de la), v. de Rortais.

Travaillé (de), v. du Mortier, — de Mongodin.

Traves (de), v. de Fouldras.

Trebuchet.

De sinople à trois têtes de léopard d'or.
D'Hozier, mss., p. 924.

D'argent à deux bandes bretessées et contrebretessées de gueules.
D'Hozier. mss., p. 976.

Trédern (de).

Echiqueté d'or et de gueules au canton senestre fascé d'argent et de gueules de six pièces.

Devise : *Ha souez vé !* (Quelle surprise !)
Sceau.

Trées (des), v. du Rossignol.

Treget (du), v. Brasdane.

Treille (de la), v. de Rouxellé, — de Beauveau, — de Beloteau.

Trélan (de), v. Birague.

Trélazé (de), v. de la Joyère.

Trélazé (le prieuré de), dépendant de l'abbaye de Saint-Aubin d'Angers.

D'argent fretté de sable à un bâton prieural d'or en pal brochant sur le tout.

D'Hozier, mss. p. 918.

Tremblaie (de la), v. Robin, — Le Pelletier, — de la Grezille, — Piedbon, — Chapelain, — d'Anjou, — Gury ou Gurye, — Barlort, — Rigauld, — Mellet, — Megrets, — Le Bouteiller, — de Jonchères, — Malmouche.

Tremblaie (de la) de Vauléart.

De gueules à trois écussons d'or.

Mss. 995, p. 98. — Audouys, mss. 994, p. 169. — Gencien, mss. 996, p. 67.

Tremblay (du), v. de Mauviel, — Richaudeau, — de la Grezille, — de Guyard, — Frain.

Tremblier de la Varenne, — de Chauvigné ou Chauvigny, — du Plessis-Galleron ; — dont Pierre, conseiller du roi au présidial d'Angers en 1698 ; Boussard, curé de Villevêque, mort en 1722 ; René, chanoine de l'église d'Angers en 1698.

D'or au tronc d'arbre appelé « tremble » repoussant du pied de sinople.

Mss. 439. — D'Hozier, mss. pp. 566, 141. — Mss. 993. — Audouys, mss. 994, p. 167. — D'Hozier, mss., p. 576, dit : *tremble sec et arraché de sable repoussant de ses feuilles au naturel,* comme p. 557, où il ajoute pour le curé de Villevêque, l'arbre *entouré en chef d'un ruban d'azur sur lequel est écrite cette devise en lettres d'or,* Mortuus revivisco.

Tremeolles (de).

D'argent à l'aigle éployée de sable.

Mss. 993.

Trémouille (de la) ou de la **Trémoille** de Brêche ou Bresthe, — d'Anjou, — de Craon, — de Sully, — de Thouars, — de Doué, — de Rochefort-sur-Loire, — de Châteauneuf-sur-Sarthe, — de la Possonnière, — de Briolay,

— de Saint-Germain, — de la Basse-Guerche, — de la Roche d'Iré, — de Noirmoutier, — du Buron-de-Craon; — dont Catherine, abbesse du Ronceray en 1486.

D'or à un chevron de gueules accompagné de trois alerions d'azur becqués et membrés de gueules posés deux et un.

Devise : *Sans sortir de l'ornière.*

Cri de guerre : *La Trémoille !*

Audouys, mss. 994, p. 167. — Gohory, mss. 972, pp. 4, 119. — Mss. 995, p. 62. — Gencien, mss. 996, p. 19. — Le mss. 993 donne à Louis de la Tremouille, en 1512, des armoiries écartelées au premier comme ci-dessus :

Au deuxième semé de France, au troisième losangé d'or et de gueules. Sur le tout d'azur à trois fleurs de lis d'argent, chargées d'une bande de gueules.

Tremouille (de la), v. de la Tour-d'Auvergne.

Trémons (de), v. de la Grüe.

Tressault (de), v. de Farcy.

Tressoullière (de la), v. Jarret.

Treton.

D'argent à trois chevrons de sable.

D'Hozier, mss., p. 1141.

Trevenegat (de), v. Avril.

Treves (de)

De gueules au lion d'or.

Audouys, mss. 994. p. 167. — Mss. 995, p. 83. — Gencien, mss. 996, p. 65. — V. de Loudun, — de Savary, — Laval, — de Stapleton, — de Ville-Prouvée, — Le Maczon, — de Chources.

Trèves (le prieuré de Saint-Aubin de), dépendant de l'abbaye de Saint-Aubin d'Angers.

D'azur à un bâton prieural d'argent accosté de deux tours de même.

D'Hozier, mss., p. 913.

Tribert.

V. D'Hozier, Poitou, n° 864.

Tribouille (de la) de Blanchêne, — de la Haye.

D'azur à trois roquets ou rocs d'échiquier d'argent posés deux et un.

Mss. 439. — Audouys, mss. 994, p. 171. — Armorial mss. de Dumesnil, p. 19. — D'Hozier, mss. pp. 151, 542.

Trigny (de), v. Le Prey.

Trippe (de la), v. Clérembault.

Tripier de Lozé, — de Lagrange, — de l'Aubrière.

D'or à un chevron d'azur accompagné de trois pieds de sable, et surmonté d'une bande d'azur chargée de trois étoiles d'argent.

Ou bien :

D'azur au chevron d'argent accompagné de trois pieds de même.

Sceau. — Note mss. de Crochard.

Tripiez de Beauverger, — du Bois-Tripiez.

Écartelé aux premier et quatrième de gueules à trois trèfles d'or posés deux et un ; aux deuxième et troisième d'azur à deux mains de carnation, l'une mouvante de flanc dextre vêtue de pourpre tenant un poignard d'or la pointe en bas, et l'autre qui empoigne et semble arrêter la première et l'empêcher de faire un mauvais coup et vêtue de gueules mouvante de flanc senestre.

D'Hozier, mss. pp. 152, 227. — Audouys, mss. 994, p. 169.

Troche (de la).

De gueules à la croix pattée d'or, une orle d'argent pour brisure.

Sceau. — V. de Savonnières.

Trochon.

D'azur à trois pommes de pin d'or.

D'Hozier, mss., p. 1209.

De gueules à trois torches d'argent posées en fasce.

D'Hozier, mss., p. 1391.

D'argent à un lion d'azur couronné de même, armé et lampassé de gueules.

D'Hozier, mss., pp. 900, 878, 866.

D'or à un sautoir de gueules.

D'Hozier, mss., p. 928.

Fascé d'or et de sable de six pièces.

D'Hozier, mss., p. 930.

Trochon de Beaumont, — de la Théardière, — des Places, — de Champagne, — de la Chapelle, — de Moulins, — de Luigné, — de l'Epine, — de la Porte, — du Saulay, — du Port, — de la Coudre, — de la Davière, — de la Renaudière, — de Moiré, — de la Martinière, — de Ville-prouvée, — de la Cellerie, — de Mortreux, — de Valette ; — dont Lancelot, maire électif de Châteaugontier, 1595, comme Joseph en 1676; Jean-Laurent en 1720 et Jean-Joseph en 1790; quatre conseillers au présidial de Châteaugontier, Pierre en 1640, François en 1656, François en 1693, Joseph en 1700 ; trois avocats au présidial de Châteaugontier, François en 1640, Pierre en 1649, Jean en 1688; quatre présidents, Pierre en 1676, Jean en 1700, Jean-Laurent en 1718, Jean-Joseph en 1755 ; deux lieutenants criminels, Joseph en 1727 et N... en 1769; Pierre, procureur du roi en 1676 ; François, conseiller d'État par brevet du 8 juin 1640 ; René, lieutenant général de police d'Angers en 1665.

D'argent à trois merlettes de sable posées deux et une.

Mss. 993. — D. P. — D'Hozier, mss., pp. 254, 429. — Le même p. 126 donne aux Trochon de la Chapelle et de la Martinière :
D'azur à une Foy posée en fasce d'or soutenant un cœur de même duquel sortent trois lis d'argent, accompagnés d'un croissant d'argent en pointe. — D'Hozier, mss., p. 927, donne aux Trochon de la Porte :
De gueules à un cygne d'argent.
Le même encore, p. 931, ajoute aux seigneurs du Mortreux:
D'argent à une bande de gueules chargée de trois macles d'or.

D'après une note de D'Hozier, 31 décembre 1754, les Trochon de Beaumont, de Mortreux et de la Chapelle portent comme timbre :
Un casque de profil orné de ses lambrequins d'argent et de sable.

Trochon de la Gaudrée.

D'argent à un chevron de sable accompagné en chef de deux coquilles et en pointe de deux étoiles de gueules.

D'Hozier, mss., p. 953.

Tromère (de), v. de Gray.

Tronchay (du), v. Le Devin, — Bellère.

Tronchay (du) de Balladé.

D'argent à trois coquilles de gueules posées deux et une.

Audouys, mss. 994, p. 168. — Mss. 995, p. 107. — Gohory, mss. 972, p. 82. — Gencien, mss. 996, p. 65. — Gaignières, Armorial, mss., p. 36.

Tronchay (du) de Migné, — du Hault pays Saumurois, — de Martigné ; — dont Louis, capitaine au régiment de Picardie en 1699.

D'azur à l'aigle d'or fixant un soleil rayonnant d'or posé au premier canton du chef de l'écu.

Audouys, mss. 994, p. 169. — Gohory, mss. 972, p. 117. — D'Hozier, mss., p. 613. — Gencien, mss., 996, p. 66.

Tronchet (du), v. Giroust.

Trosnière (de la), v. Pineau.

Trouillet de la Berthière, — de Pellouailles, — de Foudon, — de l'Orchère, — de la Turpinière, — de Bléré, — de l'Echasserie, — de la Perchardière ; — dont J.-Jacques, oratorien, doyen de Saint-Thugal de Laval, xviie siècle ; René, lieutenant particulier au présidial d'Angers, 1707 ; Jean, chevalier de Saint-Louis en 1789.

D'or à la branche de chêne de sinople, chargée de trois glands de même.

Mss. 703. — Audouys, mss 994, p. 167. — De Soland, Bulletin de l'Anjou, 1869, p. 289. — D'Hozier, mss., pp. 78, 673, ajoute : *quatre feuilles de sinople...* que porte sur un sceau du xviiie siècle le blason accolé à celui des Pays-Duvaux.

Trousseau de Chateauceaux ; — dont Pierre, évêque de Poitiers, archevêque et duc de Reims, pair de France † en 1413.

De gueules à la bande vairée d'argent et d'azur.

Gaignières, Armorial, mss., p. 15. — Mss. 703 de la Bibliothèque Nationale.

Troussière (de la), v. de la Chapelle.

Trowic de la Gasnerie.

De gueules à une truie d'argent.

D'Hozier, mss., p. 1383.

Troyes (de), v. Cossa.

Trudonnière (de la), v. Lamboul.

Trye (de).

D'or à une bande d'azur.

Mss. 995, p. 74.

Tuaudière (de la), v. de la Jaille.

Tucé (de).

De sable à trois jumelles d'argent.

Mss. 703 de la Bibliothèque Nationale.

Tudert (Nicolas), doyen de Notre-Dame de Paris, abbé de Saint-Georges-sur-Loire † 1651.

D'or à deux losanges d'azur rangés en fasce, au chef de gueules (ou d'azur), chargé de trois besans d'or.

Rietstap, Armorial, p. 1057.

Tuffière (de la), v. de Thory, — de Tourneton.

Tuillerie (de la), v. Péan.

Tullade (de la), v. d'Abattant.

Tulaye (de la) de la Jaroussaye, — du Plessis-Tizon, — de Bellisle, — de Launay-Gobin, — du Fresne, — de Varenne, — de Savennières.

D'or au lion de gueules armé et lampassé de même..

Audouys, mss. 994, p. 169. — Le mss. 993 donne à la branche de Varenne :

Le lion de sable au lieu de gueules.

Tully (de), v. Madaillan.

Tunes (de), v. Le Jumeau.

Turbaudière (de la), v. du Puy-du-Fou.

Turbilly (de), v. de Menon.

Turenne (de), v. Beaufort, — Boucicault.

Turenne (de) de Bouillon.

D'azur semé de fleurs de lis d'or à la tour d'argent écartelé d'or à trois bandes de gueules, sur le tout d'or au gonfanon de gueules bordé de sinople.

Mss. 995, p. 62. — V. ci-dessus de la Tour.

Turin.

De gueules à trois étoiles d'or en chef.

Mss. 995, p. 78.

Turmelière (de la), v. de Quinemont, — Bazoges, — du Breil, — Chabot, — d'Avoir.

Turpin.

D'or à deux tourteaux de gueules posés en pal.

D'Hozier, mss., p. 1272.

Turpin de la Poëze.

D'argent bandé de sable.

Audouys, mss. 994, p. 171.

Turpin de Crissé, — de la Ferté, — de Vihiers, — de Sanzay, — d'Angrie, — de la Fresnaie, — d'Orvaulx, — de Cerzé, — de la Rivière-Dorveaux ; — dont Guy taxé quatre écus pour la rançon du roi Jean en 1360 entre les nobles de la chastellerie de Montjean ; Guillaume, évêque d'Angers en 1360 ; Lancelot, chevalier de Saint-Louis en 1789.

Losangé d'or et de gueules.

Devise : *Vici, victurus, vivo.*

Lehoreau, Dufresne, n° 4. — P. Anselme, p. 685. — Sainte-Marthe, Histoire généalogique, p. 600. — Mss. 703. — Audouys, mss. 994, p. 167. — Armorial mss. de Dumesnil, p. 19. — Roger, mss. 995, pp. 1, 2. — D'Hozier, mss., p. 94, le mss. 993, Gaignières, Armorial, mss. p. 55, Gohory, mss. 972, p. 48, le mss. 995, p. 63 et Gencien, mss. 996, p. 64, disent :

Losangé d'argent et de gueules.

D'Hozier, mss., p. 692, donne aussi aux Turpin de Crissé, les armes suivantes :

D'or à une fasce accompagnée en chef de deux merlettes et en pointe d'une étoile le tout de gueules.

Turpin de la Turpinnière, — de la Croix.

Losangé d'argent et d'azur au chef d'or chargé d'un lion issant de gueules.

D'autres disent : *D'argent fretté de sable au chef de gueules chargé d'un lion léopardé d'or.*

Gohory, mss. 972, pp. 54, 128. — Audouys, mss., p. 168. — Roger, mss. 995, p. 10. — Gencien, mss. 996, p. 65. — mss. 995, p. 115. — Gaignières, Armorial, mss., p. 55.

Turpineau.

D'azur à un léopard d'argent.

D'Hozier, mss., p. 1140.

Turpinnière (de la), v. Turpin, — Baudry, — de Maussé, — de Gazeau.

Tussé (de).

De sable à trois bandes d'argent, chargées chacune d'une bandelette de sable.

Sceau.

U

Ulmes-Saint-Florent (le prieuré de), dépendant de l'abbaye bénédictine de Saint-Florent de Saumur.

D'azur à trois arbres d'or sur une terrasse de même.
D'Hozier, mss., p. 1027.

Urbé (d'), v. Nepveu.

Urnaux, v. Cousturier.

Usure (d'), v. de Bouche.

Uzès (d'), v. de Crussol.

V

Vaas (de), v. Couette.

Vachère (de), v. de Grammont.

Vachereau des Chenets.

Pallé d'or et d'azur de six pièces au chef d'argent chargé de trois bandes jumelles de gueules.

Mss. 995, p. 79. — Gencien, mss. 996, p. 66.

Vage (N... demoiselle de) (*sic*).

D'argent à trois chevrons de gueules.

D'Hozier, mss., p. 354.

Vahaye (de) de la Rondelière, — de la Bouverie, — de Beaulieu, — de Morannes.

D'azur au soleil d'or.

Mss. 493.

Vaige.

D'azur à trois chevrons d'or.

Généalogie des Quatrebarbes.

Vaillé (de), v. Bitault.

Vailli (de), v. de Bueil.

Vair (de), de Cumeré, — de Fontenelle, — de Chapeau, — de Poislivière, — de Chanzeaux ; — dont Geffroy, chevalier, bienfaiteur de l'abbaye de Pontron en 1240.

Vairé d'argent et d'azur.

Roger, Armorial mss., p. 11. — Mss. 995, p. 93. — Gencien, mss. 996, p. 67. — Gaignières, Armorial mss. p. 61, et Gohory, mss. 972, p. 58, disent : *Vairé d'argent et de gueules...* Le mss. 703, dit *échiqueté* au lieu de *vairé*, ainsi que d'Hozier, mss., p. 172, et un sceau du xviii° siècle. — V. Huault

Vairie (de la).

D'argent à la croix pleine d'azur cantonnée de quatre coquilles de même.

Gencien, mss. 996, p. 67. — Roger, mss. 995, p. 20. — Gohory, mss., 972, p. 79. — V. de la Varrie.

Vaisousière (de la), v. du Mar.

Vaix (de).

D'or à une croix de sable.
Mss. 995. p. 75.

Vaizouzière (de la), v. du Mas.

Val (du) ; — dont Jacques, écuyer, conseiller du roi à Châteaugontier en 1700.

De gueules à un chevron d'or accompagné en pointe d'un lion de même.

D'Hozier, mss., p. 1196. — V. Duval. — Dosdefer.

Valbelle (de) de Tourves, — de Montfuron ; — dont François, abbé de Pontron, évêque de Saint-Omer, 1708.

D'azur au levrier rampant d'argent.

Devise : *Fidelis et audax.*

Rietstapp. Armorial, p. 1067. — D'Hozier, Armorial mss., Paris, tome I, p. 152.

Valcour (de), v. Germain.

Valeaux (de), v. de Valleaux.

Valençay (de), v. d'Estampes.

Valence (de), v. de Thimbrune.

Valenton.

D'or à la bande d'azur à la bordure de même.

Gaignières, Armorial, mss., p. 8. — Gohory, mss. 972, p. 128 dit :

Parti d'argent à la bande de gueules et six rosettes mises en orle; coupé d'argent à la bande d'azur au lambel de même à quatre pendants posés en chef à senestre.

Valeran de Meurs.

D'or à la fasce de sable écartelé de sable à l'aigle éployée d'argent becquée et membrée d'or.

Gohory, mss. 972, p. 128.

Valette (de).

D'or à la croix nilée de gueules à la cotice d'argent brochant sur le tout.

Gencien, mss. 996, p. 68.

Valette de Champfleury, — de la Sigauderie, — de la Varanne, — de la Mesnage ; — dont quatre conseillers du roy en l'élection de Saumur au xviie sièle ; Claire, prieure de Guernec en Loudunois (ordre de Fontevrault), 1705 ; Clément-Jean, écuyer garde du corps du roy, 1726, puis, 1753, capitaine commandant de la compagnie des bons officiers invalides du château de Nantes ; Michel, escuyer, chevalier de saint Louis, commandant du quartier de Lartibouitte, lieutenant du roy, major de la ville de Saint-Marc dans l'isle de Saint-Domingue, 1760 ; René, escuyer garde du corps du roy, mort à Loudun en 1734 ; Léon, escuyer, chevalier de saint Louis, garde du corps du roy, 1785 ; Marguerite, prieure du couvent de Guesnes en Loudunois à l'époque de l'expulsion en 1792 (ordre de Fontevrault) ; Marie-Henriette , dame du Vieux-Château , paroisse de Mouliherne, qui vote le 18 mars 1789 avec l'ordre de la noblesse d'Anjou pour les États généraux.

D'azur au chevron d'argent accompagné de deux quintefeuilles de même en chef et d'une étoile d'or en pointe.

Sceaux. D. P. — D'Hozier pp. 616, 1204, dit : *D'azur au chevron d'or accompagné de deux quintefeuilles d'argent en chef, et d'une étoile d'or en pointe.*

D'Hozier attribue, sans doute à tort, à Clément Valette de Champfleury, garde-scel de l'élection de Saumur :

D'argent à une fasce engrelée de gueules accompagnée de trois roses de même posées deux et une.

D'Hozier, mss., p. 1005, qui attribue, à tort, p. 1204, à un membre de cette famille, Jean Valette, prieur de Saint-Pierre de Chemillé en 1702, les armes ci-dessous.

De gueules à une tour d'or.

Valette (de la) , v. de Cormeray, — de Nogaret, — de Bouillé, — de Sourdrille, — de Mandon, — Trochon.

Valière (de), v. Belossier, — de la Vallière.

Valinnière (de la).

D'argent au sautoir dentelé de gueules, cantonné de quatre roses de même.

Gencien, mss. 996, p. 67. — Mss. 995, p. 106. — V. de Cantineau.

Valjoyeux (de), v. de Bueil.

Vallade (de la), v. de la Porte.

Vallain; — dont François, curé de Sainte-Christine en 1698.

D'or à trois corbeaux de sable.

D'Hozier, mss., p. 917.

Vallain ; — dont Louis, marchand à Ambillou en 1698.

De gueules à une bande d'or chargée d'un lion de sable.
D'Hozier, mss., p. 1023.

Valleaux (de) ; — dont Hyacinthe, curé de Telliers en 1698.

D'azur à trois fasces ondées d'argent.
D'Hozier, mss., p. 872.

Valleaux (de) de Cheripeau, — de la Broissinière, — des Touches, — du Bois-Robin.

D'or à trois bandes de gueules.
Gaignières, Armorial, mss., p. 51. — Roger, mss. 995, p. 14. — Gohory, mss. 972, p. 20. — Gencien, mss. 996, p. 68. — L'Armorial de Vauguyon ajoute à la branche de Chéripeau :
Une fasce d'argent brochant sur le tout...

Vallée (de la) des Rocherais.

De gueules à trois croissants d'argent posés deux et un.
Mss. 993. — Mss. 439. — V. de Maulne, — le Gantier.

Vallée ; — dont Thomas, chanoine de Saint-Nicolas de Craon en 1698.

D'argent à une bande de gueules chargée de trois macles d'or.
D'Hozier, mss., p. 1203.

Vallée (le Saumur).

D'azur à un lion d'or, et une bande de gueules brochant sur le tout.
D'Hozier, mss., p. 992. — V. Rigauld.

Vallet de la Touche-Bruneau, — de la Brosse ; — dont Mathurin, conseiller, procureur du roi à Beaufort en 1698.

D'or à une fasce d'azur chargée de trois étoiles d'argent.
D'Hozier, mss., p. 989. — Le mss. 439, dit : *D'azur à la fasce d'or à trois étoiles de même en chef.*

Vallière (de la) du Portal.

D'or à trois têtes de lion arrachées de sable posées deux et une.

D'Hozier, mss., p. 598. — V. Hellault, — de Chazé, — Belossier, — Le Blanc, — Garreau.

Vallois.

De gueules à un lion passant d'or.

D'Hozier, mss., p. 1005.

D'azur à un griffon d'or.

D'Hozier, mss., p. 1005.

De sable à une bande d'azur chargée de trois molettes de gueules.

D'Hozier, mss., p. 1021.

Valois (Isabeau de), abbesse de Fontevrault, † 1349.

De France au captal d'argent.

P. Anselme, t. III, p. 235.

Valois (de).

D'or à un arbre de sinople sur un tertre de même, soutenu à dextre et à senestre par deux lions de sable affrontés, armés, lampassés de gueules.

Sceau.

Valori ou Valory (de) de Cussé, — de Tilly, — de Lecé, — de Marignanne, — de Fontaine-Couverte.

D'or à un laurier arraché de sinople et un chef de gueules.

Devise : *Aquilæ valori laurus.*

Mss. 439. — D'Hozier, mss., pp. 608, 169.

Valtemère (de); — dont Jeanne-Honorée, abbesse du Perray-aux-Nonains, † en 1464.

Valtère de Feudonnet; — dont Pierre, chanoine de Saint-Maurice d'Angers en 1698.

Coupé d'argent et d'azur par une fasce de pourpre, l'argent emmanché de quatre pièces de gueules et l'azur chargé de deux roses d'or..

D'Hozier, mss., p. 553. — Mss. 993. — L'Armorial mss. de Dumesnil donne aux Valtère de Feudonnet... *la fasce de sable...*

Vandil (de).

De gueules à trois gantelets d'argent, les doigts en bas posés deux et un.

Carré de Busserolle. — Armorial de Touraine.

Vangeau (de).

D'azur à trois ceps d'or.

Mss. 703 de la Bibliothèque nationale. — V. Thierry.

Vansay (de) de la Barre, — de Parpacé.

D'azur à trois besans d'argent chargés chacun d'une moucheture d'hermines posés deux et un.

Devise : *La vertu en nous à l'âge devancé.*

La Chesnaye-Desbois, — Cauvin, Armorial du Maine.

Vantelet, v. de la Haye, — Le Lux.

Vanton (de), v. Crespin.

Varades (de), v. Rousseau.

Varadier de Saint-Andiol (Augustin), abbé du Perray-Neuf, 1716.

D'or à trois annelets d'azur.

Rietstap, Armorial, p. 1069.

Varannes (de), v. Fouquet, — Tillon.

Varenne (Mathieu de la), abbé du Louroux, 1567.

D'après l'Armorial de Rietstap, la maison de la Varenne de la Ruffinière au Poitou, portait :

D'azur au lion d'or surmonté de trois ou cinq étoiles de même, rangées en chef, accompagnées en pointe d'une fasce ondée d'argent,

V. ci-dessous de Varenne.

Varenne (le comté de la).

D'azur à une flèche d'or posée en pal et accostée de six lapins passants l'un sur l'autre d'argent trois de chaque côté.

D'Hozier, mss. 753. — D'après M. Ch. de Montzey, Histoire de La Flèche, tome II, p. 265, ces armoiries seraient celles de la terre de la Varenne antérieurement à l'acquisition qu'en fit Guillaume Fouquet, annobli en 1598. — V. Fouquet, — de la Bourdonnaye, — de Goddes, — de Brézé, — Tremblier, — Valette, — de la Folie, — de la Tullaye, — Le Boucher, — Dreux, — de Billé, — du Bois, — du Mur, — Baraton, — Gaultier, — de la Chapelle.

Varennes (de).

D'hermines à trois chevrons de sable.

Mss. 993. — V. de Godde, — Cholet, — de la Chapelle, — Jarzé, — de Girard, — Chivré, — du Gras-Menil, — Constantin, — de Clefs, — Lenfant, — du Pont, — de Pierres, — de Quinement, — de Houdan.

Varenne-Lenfant,

D'azur à la bande d'argent cotoyée de deux cotices d'or.

Généalogie des de Quatrebarbes.

Varice de Mesny ou du Mesnil, — du Châtelier, — de la Goultière, — de Vauléard, — de Marcillé, — de Buchet, — dès Epoids, — d'Aubigné, — de Juigné, — de Cantenay; — dont Louis, chevalier de Saint-Louis, 1789; Louis, gendarme du roi en 1696.

De gueules au chevron d'or accompagné de trois macles de même deux en chef et une en pointe.

Gaignières, Armorial, mss., p. 61. — D'Hozier, mss., pp. 97, 118, 172, 500, 521. — Armorial, mss. de Dumesnil, p. 19. — Mss. 993 e7 703. — Gohory, mss. 972, p. 128.

Varrie (de la).

De... à la croix de... cantonnée de quatre coquilles de...

Sceau. — V. de la Vairie.

Vasousière (de la) de Foudon.

D'argent à une fasce fleurdelisée et contrefleurdelisée de sable.

Roger, mss. 995, p. 17. — Mss. 995, p. 92. — Gencien, 996, p. 67. — Gohory, mss. 972, p. 47. — V. Baguelin, — du Mas, — de la Duferie.

Vassé du Jarier (à Baugé).

D'azur à un pal d'or ; écartelé d'or à un pal d'azur.

D'Hozier, mss., p. 1513.

Vassé (Grognet de), — de Marcillé ; — dont Jean, prieur de Saint-Aubin d'Angers † en 1692 ; un abbé de Saint-Serge, 1710.

D'or à trois fasces d'azur.

Ancienne épitaphe. Mss. 941 de la Bibliothèque nationale. — Mss. 995, p. 63. — Gencien, mss. 996, p. 66. — V. Grognet.

Vassillé (de), v. du Vaux.

Vassinerie (de la), v. Foassier.

Vassy ; — dont Jacques, curé de Châtelais en 1698.

Losangé d'argent et d'azur.

D'Hozier, mss., p. 920.

Vatières (de), v. d'Hellant.

Vau (du) des Loges ; — dont Bertrand, maire d'Angers en 1489.

D'azur à deux aigles d'argent en chef et un cygne de même passant en pointe.

Mss. 703. — Gaignières, Armorial, mss., p. 81. — Gencien, mss. 996, p. 1. — Le mss. 995, M. Landron de Lignim, p. 5 et M. Port, tome II, p. 91, disent *une harpie au lieu d'un cygne.* — V. le nom suivant.

Vau (du) de Chavagne, — de la Genevraie, — de Malitourne, — des Herbiers, — des Forges; — dont Rolland, chevalier de Malte en 1582.

D'azur à trois aigles d'or, écartelé de la Haye-Montbaud.

Mss. 703 de la Bibliothèque nationale. — Roger, mss. 995, p. 18, le mss. 993, D'Hozier, mss., p. 174, Gohory, p. 55, et un sceau du xix° siècle, disent *deux aigles d'or le vol abaissé posé en chef et un serpent volant ou harpie, ou amphistère de même en pointe, la tête contournée regardant les aigles.* — Le mss. 995, p. 98 et Gencien, mss. 996, p. 67 disent *membrées et becquées de gueules.* — V. Pentin, — Guibert, — Cupif, — de la Roë, — du Teilleul, — Pays, — Bault, — Callon.

Vau (du); — dont François, bourgeois de la ville d'Angers en 1700.

De gueules à un veau d'or.

D'Hozier, mss., p. 1263.

Vau-le-Gouz (de) (à Angers).

De gueules à une aigle d'argent.

D'Hozier, mss., p. 891. — V. Le Gouz.

Vau (de la), v. Le Pauvre.

Vauberger (de), v. Chalopin.

Vauboisseau de Saint-Georges, — des Noulis, — de la Grande-Voisse, — de Villegontier.

D'argent à une croix de gueules.

Gohory, mss. 972, pp. 41, 52. — Gencien, mss. 996, pp 40 et 68. — Audouys, mss. 994, p. 89. — Mss. 995, p. 95. — Mss. 703. — Roger, mss. 995, p. 10. — Gohory, mss. 972, p. 41.

Vaubrun (de), v. Bautru.

Vaucelas (de), v. de Cochefilet.

Vaucelles (de).

D'argent à un chef de gueules semé de billettes d'or.

Devise : *Semper Deo fidelis, honori, regi et virtute valens.*

Gencien, mss. 996, p. 68. — V. de Champagne.

Vaucenay ou Vaucené (de), — de la Ménardière.

D'azur à un lion d'or armé et lampassé de gueules.

D'Hozier, mss., p. 102. — Armorial, mss. de Dumesnil, p. 19.

Vaucouleur.

D'azur à la croix d'argent.

Mss. 993.

Vaucour (de), v. Mayaud.

Vau-de-Guibert ; — dont un personnage figurant entre les nobles du Petit Montrevault, taxé 2 écus pour la rançon du roi Jean en 1360.

D'argent à six fleurs de lis d'azur posées trois, deux et une.

Roger, mss. 995, p. 17. — Mss. 995, p. 103. — Gencien, mss. 996, p. 67. — V. Simon.

Vaudemont (de) ; dont un des 18 chevaliers du Croissant en 1464.

D'or à la bande ou cotice de gueules chargée de trois aigles d'argent.

Couronne de duc de laquelle s'élance une aigle regardant à gauche.

Mss. 993 et 999. — V. de Lorraine.

Vaudezirs (de), v. Baudart.

Vaudois (de), v. Cappel.

Vaudrey (de) de Saint-Phal. — de la Bourgonnière, — du Ponceau, — de Bois-Jouan, — d'Argentenay.

Coupé emmanché d'or et de gueules.

Devises : *A tout vaudray. — J'ai valu, voux et vaudray..*

Mss. 995, p. 84. — Gohory, mss. 972, pp. 19, 50. — Roger, mss, 995, p. 10. — Le mss. 703 dit *d'argent et de gueules, l'argent de deux pièces.*

Vauduchou (de), v. de la Barre.

Vaudetar (de) de Pouilly, — d'Illy, — de Charonne, — de Bagnolet, — de Saint-Port, — de Boissize ; — dont Jean premier valet de chambre du roi Charles V.

Fascé de six pièces d'azur et d'argent.
Mss, 995, p. 54.

Vau-Festu (de la), v. de Gaultier.

Vaufleury (de), v. Maumousseau.

Vaufontaine (de), v. Deslandes.

Vaufoulier (de), v. de Gennes.

Vaufoulon (de), v. Ernault.

Vaugelé (de), v. de Grugelin, — Neau.

Vaugirault (de), v. de la Chapelle.

Vaugirault (de) du Ginaussan, — du Gueussant, — du Cherreau, — de Rochebonne, — de la Guérinière, — de la Massonnière, — de Bouzillé ; — dont Jean, évêque d'Angers 1731 à 1758..

D'argent à une aigle à deux têtes éployée de sable becquée, éclairée et onglée de gueules.

Mss. 439. Cauvin, p. 237. — D'Hozier, mss., pp. 216, 217, 345, 580. — Sculpt. xviii° siècle à l'Evêché d'Angers. — Répertoire archéolog. de l'Anjou, 1863, p. 289. — V. Vollaige.

Vaugirault (de) de la Guérinière, — de Bouzillé.

D'or à l'aigle de sable membrée d'azur.

Roger, mss. 995, p. 11. — Gohory, mss. 972, p. 58. — Mss. 995, pp. 90. 109. — Mss. 993. — Une branche de Vaugirault porte: *D'or à l'aigle à deux têtes de sable couronnée d'or...* Gaignières, Armorial, mss., p. 60, dit : *D'or à l'aigle éployée de sable...*

Vaugotière (de la), v. d'Andigné, — du Coudray.

Vauguérin (de), v. de Quinemont.

Vauguyon (de), v. Daniel.

Vaujoieux de la Planche.

D'argent au lion de sinople.

Mss. 439. — Armorial mss. de Dumesnil, p. 19.

Vaujouas (de), v. Deniau.

Vaujours (de), v. de Bueil, — du Bois.

Vaujoye (de), v. Poullain.

Vaulaine (de la) (à Doué).

De sinople à cinq coquilles d'argent posées en sautoir

D'Hozier, mss., p. 1013.

Vaulberger (de), v. de la Hume.

Vaul-d'or (de), v. de Saint-Phal.

Vauleart (de), v. Saint-Jouin.

Vauloyer (de), v. de Hodon.

Vaulx (de).

D'argent à une montagne de sable soutenant une aigle de gueules.
Mss. 703 de la Bibliothèque nationale.

Vaulx (de) de la Pillaudière.

D'azur au sautoir fuselé d'or ; accompagné aux trois premiers cantons de trois lions de même, armés et lampassés de sable, posés un et deux.

Armorial mss. de Dumesnil, p. 19. — Gaignières, Armorial, mss., p. 39 dit :
D'or à trois lions d'azur, armés, lampassés et couronnés de gueules à la bande de gueules brochant sur le tout.

Vauréal (de), v. Guésapin.

Vauriau (de), v. de Cambout.

Vauricher (de), v. Quirit.

Vaurimairé (de) de l'Armenerie, — de la Peignerie.

D'argent à six merlettes de sable posées trois, deux et une
Mss. 439.

Vaurouault (de), v. de Goyon.

Vauroux (de), v. de Tusseau.

Vau-Rozet (du), v. de Bertre.

Vautelet (de), v. de Lux.

Vautorte (de), v. Cazet.

Vauvert (de), v. des Herbiers.

Vauvigneux (de), v. de Chources.

Vauvineux (de), v. de Cochefilet.

Vaux (de) ; — dont Pierre maire d'Angers en 1502.

D'or à trois lions d'azur armés, couronnés de gueules, à la bande de même brochant sur le tout.

Devise : *Amor patriæ.*

Gencien, mss. 996, p. 2. — Roger, mss. 995, p. 9, dit *bande de gueules*, ainsi que Gohory, Armorial. mss. 972, p. 31.

Vaux (de) de la Blandolière.

D'azur au sautoir fuselé d'or accompagné aux deuxième. troisième et quatrième quartiers de trois lions de même armés et lampassés.

Mss. 439. — V. de Vau, — Bodin — de Landevy, — Davy, — de Cheverue, — de Giffart, — de Charnacé, — Malineau, — Leclerc, — Lemaistre, — Gencien, — du Fresne, — Fouquet, — de Girard, — Racapé, — de Razilly.

Vaux (de), à Chaumont.

D'azur à une rose d'argent posée en cœur, accompagnée en chef, de deux étoiles d'or et en pointe d'un croissant de même qui est Gaultier de Brulon, *à la bordure de gueules.*

Sculpture au fronton du château de Chaumont

Vaux (des) de Lévaré, — de Combrée, — de Louresse ; — dont Roland figurant entre les seigneurs croisés à Mayenne en 1158.

Coupé de sable et d'argent au lion de l'un en l'autre.

Mss. 703 de la Bibliothèque nationale.

Vauxes (de), v. du Chesne.

Vauzelles (de), v. Genault.

Veau (à Échenillé).

D'argent à un lion de sable couronné de gueules.
D'Hozier, mss., p. 1130.

Veillon de la Garoullaye ou Garoulaie, — de la Basse-Rivière, — de la Rivière-Cormier, — de la Basse-Ville, — de la Deniollaye ; — dont Marguerite, abbesse du Perray-aux-Nonains, 1508 ; une religieuse du Ronceray en 1500 ; Jean, capitaine de la bastille du château de Saumur en 1648 ; Maurice-Julien, qui prit part aux assemblées de la noblesse d'Anjou en 1789.

D'argent à un bâton écoté et mis en pal de sinople, accosté de deux losanges de gueules posés un au canton dextre du chef; et l'autre au canton senestre de la pointe.
D'Hozier, mss., p. 113. — Gohory, mss. 972, p. 25. — Sculpt., 1766, à la cloche de Combrée. — Roger, mss. 995, p. 9, Gencien, mss. 996, p. 67, disent *les losanges de gueules*. — Le mss. 439 dit : *tronc d'arbre d'azur...*

Venard ; — dont un greffier des rôles de la paroisse d'Ardanne en 1698.

D'azur à une tour crenelée et couverte en dôme d'argent..
D'Hozier, mss. p. 1011.

Venbredubec ; — dont Gaspard, marchand raffineur à Angers en 1696.

De sable à un lion d'or,
D'Hozier, mss., p. 957.

Venbuzelar (à Angers).

De gueules à une croix ancrée d'argent.
D'Hozier, mss., p. 957.

Vendôme de Segré ; — dont Elisabeth, femme de Foulques-Nerra, brûlée en 999 ; Adèle leur fille qui épousa Bodon de Nevers; Hubert, évêque d'Angers, 1007-1046, qui fit avec son père rebâtir l'église Saint-Maurice d'Angers, et l'église de Chalonnes qu'il donna à l'abbaye de Saint-Serge.

Anciennes armes :

D'argent au chef de gueules, au lion d'azur couronné, armé et lampassé d'or brochant sur le tout.

Cri de guerre : *Chartres !*

Mss. 995. p. 58. — Gencien, mss. 996. pp. 68, 79. — Mss. 993, et 703. — Gohory, mss. 972, p. 70. — Lehoreau-Dufresne, n° 1. — J. Balain, mss. 867, p. 73. — de Livonnière, n° 1.

Armes modernes :

D'azur à trois fleurs de lis d'or brisées d'un bâton de gueules péri en bande, chargé de trois lionceaux d'argent.
Gencien, mss. 996, p. 68. — Mss. 993. — V. Preuilly.

Vendosmois (de) de Poligné.

Coupé au premier d'or à trois fasces de gueules ; au deuxième d'hermines.

Sculpture xvi⁰ siècle, clef de voûte de la chapelle de Poligné, paroisse de Thorigné.

Vengealière (de la), v. de Ghaisne.

Vens (des), v. de Tinteniac.

Vensoye (de), v. de Vigré.

Ventadour (de) ; — dont Alice, abbesse de Fontevrault †, 1372 ; et Isabelle, abbesse du Ronceray † 1418, v. de Levis.

Échiqueté d'or et de gueules.
P. Anselme, tome IV, p. 1, édition de 1728.

Vente (de la), v. du Plessis, — Le Seiller.

Ventrouse (de la), v. Auvé.

Ver (de).

D'azur à six annelets d'argent posés trois, deux et un.
Gencien, mss. 996, p. 68. — V. de Vair.

Veranderie (de la), v. Gaultier.

Verdelle (de), v. Le Clerc, — de la Corbière.

Vercel (de Saint-André Marnais de); — dont Joseph, vicaire-général d'Angers, évêque de Cousérans, 1752.

D'or à un chevron de sable et un chef aussi d'or chargé d'une hure de sanglier de sable.

D'Hozier, mss. Dauphiné, pp. 32, 33, 59, 273. — Un Pierre-Antoine Versel, chanoine de Salins, en 1698, portait, d'après *l'Armorial général manuscrit*, Bourgogne, tome I, p. 691 :
D'azur à une fasce d'or accompagnée de trois étoiles d'argent, deux en chef et une pointe

Verderie (de la) des Palis.

D'argent à trois chevrons de gueules, au chef de même.

Roger, mss. 995, p. 12. — Gaignières, Armorial, mss., p. 45. — Mss. 995, p. 117. — Gencien, mss. 996, p. 68. — Gohory, mss. 972, p. 87. — V. de Cherité, — Le Merle.

Verdier; — dont Jean, lieutenant-général au présidial d'Angers, 1638; Jean le premier professeur royal de droit français, 1679.

D'or à un chiffre de sable, composé de plusieurs traits entrelassés en forme de grille.

D'Hozier, mss., p. 791.

Verdier (François), abbé d'Asnière-Bellay, 1635-1655.

De... à une fasce ondée de... accompagnée de trois merlettes de.., posées deux et une.

Sculpture XVIIe siècle, du clocher d'Asnières.

Verdier (du) de Genouillac.

D'or à un arbre de sinople sur un gazon de même le chef d'azur chargé d'un croissant d'argent..

Mss. 703 de la Bibliothèque nationale. — V. Mesnard.

Verdier de la Miltière; — dont Marie René, conseiller au présidial d'Angers, puis conseiller municipal d'Angers, mort en 1830.

De sable à un arbre d'argent.
D'Hozier, mss., p. 892.

Verdier de la Jousselinière, — de la Rousselière, — de Bauveau, — de la Perière, — de la Pailleray, — de la Sorinière.

D'azur à une fasce ondée d'argent ; accompagnée de trois émerillons d'or, becqués, chaperonnés et onglés de gueules posés deux en chef et un en pointe..
D'Hozier, mss., pp. 95, 133, 550, 222, 568, 125, 50. — Armorial mss. de Dumesnil, p. 19. — M. de Courcy, Armorial de Bretagne donne aux du Verdier de la Sorinière les armes suivantes :
D'azur à deux lions léopardés d'argent et lampassés de gueules.

Verdou (Pierre), curé de la Poëze, 1680-1715.
D'azur à trois poissons d'argent en face l'un de l'autre.
D'Hozier, mss., p. 517.

Verez (de), v. d'Avoir, — de l'Ile-Bouchard.

Verger; — dont Pierre, curé de Marcilly en 1702.
De sable à une bande d'argent ; écartelé d'argent à une bande de sable.
D'Hozier. mss., p. 1513.

Verger (du), v. Gay et Legay, — de Rohan, — du Bois, — du Teilleul, — Duvau, — Leroy, — Beiché. — — Mareil, — Pissonnet, — Baron — (et l'*erratum*).

Verger (du) de Beaulieu, — de la Fucardière; — dont Guillaume figurant entre les nobles de Montrevault, taxé deux écus pour la rançon du roi Jean en 1360 ; Ambroise, chevalier de Malte en 1540.

D'azur à la croix d'argent cantonnée de quatre coquilles de même.
Gohory; mss. 972, p. 63. — Roger, mss. 995, p. 19. —

Mss. 995, p. 115. — Gencien, mss. 996, p. 67. — Le mss. 703 et Gaignières, Armorial, mss, p. 76, disent :

De sinople à la croix d'argent accompagnée en cœur d'une coquille de gueules, et de quatre coquilles d'argent posées une à chaque canton.

Verger (La communauté des chanoines réguliers de Saint-Augustin de la congrégation de Sainte-Croix du).

De gueules à neuf macles d'or accollées trois, trois, et trois ; et un chef de sable chargé d'une croix de huit pointes dont le montant est d'argent et la traverse de gueules, accostée de deux fleurs de lis d'or.

D'Hozier, mss., p. 241.

Vergnault de Bournezeaux, — de la Girardière, — de Baucey.

D'or à un vergne de sinople.

Mss. 439.

Vergier (de), v. du Verger.

Vergne (de la), v. du Boul, — Goullard.

Vergnes (des), v. de Mascureau.

Vergonne (de) ; — dont Bernier, Grafin et Maurice qui donnèrent en partie à Saint-Serge d'Angers, l'église de Combrée en 1072.

De gueules à six annelets d'argent posés trois, deux et un.

Cartulaire de la Primaudière (1225), cité par Gencien, mss. 996, p. 68. — Mss. 703. — V. de la Rivière.

Veries (de), v. de l'Esperonnière.

Verité de Saint-Michel; — dont Louis-Pierre, consseiller du roi, garde marteau de la maîtrise des eaux et forêts de Château-du-Loir, en 1784.

D'argent à deux fasces de sable accompagné en chef de trois roses, ou quatrefeuilles de...

Sceau xviiiᵉ siècle. — D. P. — D'après l'Armorial mss. de D'Hozier, p. 1080, Jacques Verité, curé de Volnay, en 1698, portait: *De gueules à une bande échiquetée d'or et d'azur de trois traits;* le même, p. 1084, attribué à Louis Verité, dans l'élection de Château-du-Loir, *d'azur à trois étoiles d'argent;* enfin, p. 728, à Jacquine Verité, veuve d'Antoine du Vicquet, sieur des Noues : *De gueules à un chevron d'argent accompagné de trois macles d'or, deux en chef et une en pointe.*

Vern (de).

De sinople à la bande d'or.

Gohory, mss. 971, p. 40. — Gaignières, *Armorial,* mss., p. 70. — Gencien, mss. 995, p. 66. — Mss. 995, p. 83. — V. d'Armilly, — de Contades, — de Montalais, — de Beaumont.

Vernay (de), v. Porcheron.

Vernée (de), v. Le Chat.

Verneil (de), v. Rancher.

Vernelle (de), v. Sousson.

Vernet (de), v. de Villette.

Verneuil (de), v. du Mas, — Gillier.

Vernevelle (de), v. d'Epeigné.

Verneys (des).

D'hermines au chef de gueules.

Mss. 993.

Vernière (de la), v. Goullard.

Vernoil (de), v. Neau.

Vernon (de); — dont Jean, abbé de Brignon †, 1457.

D'or au chevron de gueules ; accompagné de trois croissants d'azur.

Devise : *Non dormit qui custodit.*
Cri de guerre : *Vernon!*

Carré de Busserolle, Armorial de Touraine. — V. de Tusseau, — de la Grange.

Vernot (de) de Jeux; — dont Guy de Vernot, présent, en 1132, à l'introduction des moniales à l'abbaye de Tart, près Dijon.

D'or au chevron de gueules, accompagné de quatre étoiles d'azur, trois en chef rangées et une en pointe surmontant une croisette de gueules.

Devise : *Tacere qui nescit, nescit loqui.*

D. P. — V. les ouvrages de Dom Planche, Dom Martène, D'Hozier, Armorial de Jouffroy d'Eschavannes, etc.

Vernusson (de), v. Amoureux.

Veronnière (de la), v. Fleuriot, — Grésil.

Veroullerie ou Verouillère (de la), v. Le Roy, — Jallet, — Avril, — Gourreau.

Verrac (de), v. Roussay.

Verrerie (de la), v. de Ghaisne, — du Pont.

Verrie (de la), v. Rabestan, — de Rigné.

Verrier ; — dont Antoine, chanoine de Saint-Pierre de Saumur, en 1698

D'azur à une licorne d'argent.

D'Hozier, mss. p. 1000.

Verron (le prieuré de).

De gueules à trois vers à soie d'argent posés deux et un.

D'Hozier, mss., p. 1436. — Cauvain, Armorial du Maine, p. 195.

Versillé (de), v. Bourreau.

Vert (de), v. de Ver.

Vertus (de), v. d'Avaugour.

Veruisière (de la), v. de Guiocheau.

Vervières (de), v. Oddart.

Vervins (de), v. de Cominges.

Vexel (de).

D'argent à la croix fleurdelisée de sable.

Mss. 993.

Vézins (La communauté du tiers-ordre de Saint-François ou les Cordelières sous le titre de Sainte-Elisabeth, établie au xviie siècle à).

De gueules à un saint Joseph de carnation vêtu d'or tenant en sa main dextre un lis au naturel.

D'Hozier, mss., p. 651.

Vezins (de), v. d'Andigné, — de la Porte, — Le Clerc, — Le Porc, — de l'Espronnière, — de la Fontaine.

Viallière (de la) de Rigny, — de la Glanchère.

D'argent à une bande de sable chargée d'une autre bande d'argent et crénelée la partie supérieure de trois créneaux de gueules.

Mss. 439. — L'Armorial général, mss., dit :

D'argent à trois petites barres alaisées chacune, crénelée de trois pièces de gueules, cotoyée de deux cotices de sable.

Viannay (de), v. de Pierres.

Viannes (de), v. Camus.

Vibraye (de), v. Hurault.

Viceulle (de la), v. Percault.

Vidard des Champs ; — dont René, Mᶜ chirurgien à Angers, en 1700.

De gueules à trois lamettes d'argent posées deux et une.

Devise : *Aux Maures !*

D'Hozier, mss., p. 1258.

Vidgrain (à Bourgueil).

D'or à un sautoir de gueules.

D'Hozier, mss., p. 1020.

Vieil (marchands dans le Craonais, en 1700).

Palé d'argent et de gueules de six pièces.

D'Hozier, mss., p. 1213.

Vieil ; — dont Pierre, grenetier au grenier à sel de Craon en 1700.

De gueules à trois cornets d'or.

D'Hozier, mss., p. 1207.

Raschi

de Razillé

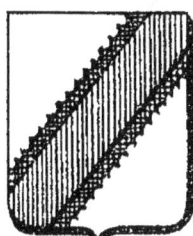

du Réau

Régnier

de Réli

.. de Remefort

Remondin

Renou

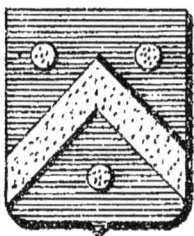

Richard

Richer
de Boisclos

Richer
de Monthéard

Richeteau

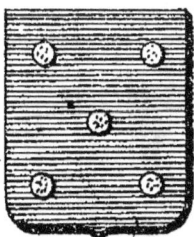

de Rieux

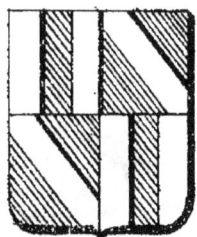

Rillé
(Prieuré de)

Riverain

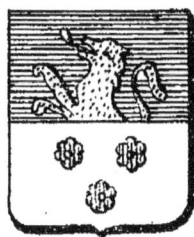

Robert
des Marchais

Robin de
la Tremblaye

Robineau de
Rochequairie

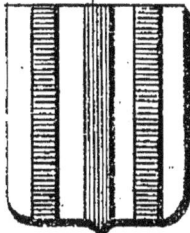

de la Roche
Brochard

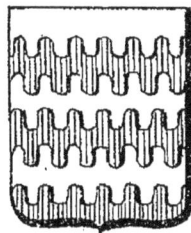

de Rochechouart

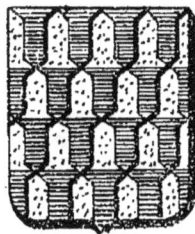

de Rochefort

de Rochefort
d'Ally

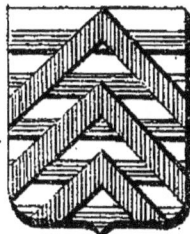

de la Rochefoucault

de la Roche
Hue

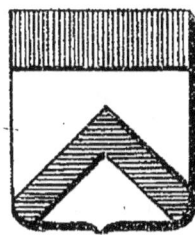

de la Roche
Lambert

de la Roche
Maillet

Rocher de
la Perrerie

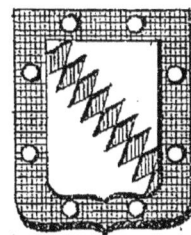

des Roches

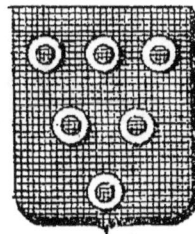

de la Roë

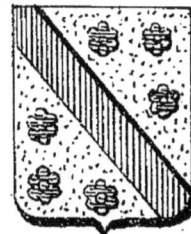

Roger
de Beaufort

Romain

des Romans

50

Ronsart

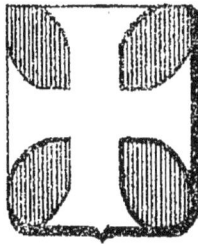

de Rougé

Roullet
de la Bouillerie

de Rueil

de Ruzé

de St Amadour

St Augustin-du-Bois
(Prieuré)

Ste Croix-du-Verger
(Prieuré)

St Eusèbe
(Prieuré)

St Florent-le-Vieil
(Ville)

St Florent-le-Vieil
(Abbaye)

de St Genys

St Georges-sur-Loire
(Abbaye)

St Jean-des-Mauvrets
(Prieuré)

St Lambert-des-Levées
(Prieuré)

S. Lambert-du-Lattay
Prieuré

St. Maur
(Abbaye)

de St. Offange

St. Paul-des-Bois
(Prieuré)

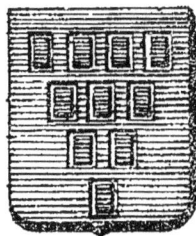

de St Pern

St Quentin-en-Mauge
(Prieuré)

de St. Rémy

St. Saturnin
(Prieuré)

St Sauveur-de-Flée
(Prieuré)

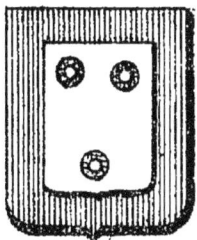

de Sales

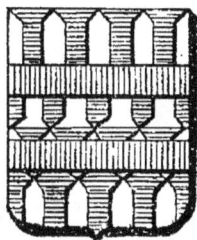

de Salle.

de Sanson

dè Sapinaud

de Sardini

Saudubois

Saugé-aux-Moines

Saumur
(Ville)

P. Anselme. — La science héraldique, 1675, in-4°. — Histoire généalogique de France, 9 vol. in–fol., 1726.

Armorial mss. de 1608. — Dans le recueil mss. 995 de la Bibliothèque d'Angers.

Audouys, mss. 994. — Armorial du xviii° siècle, mss. 994 de la Bibliothèque d'Angers.

Ballain. — Annales d'Anjou, mss. 867 de la Biblioth. d'Angers.

Beauchet–Filleau. — Dictionnaire général du Poitou, 1849–1854, 2 vol. in–8°.

Bruneau de Tartifume. — Angers, mss. 871, à la Bibl. d'Angers.

Carré de Busserolle. — Armorial de Touraine publié en 1867, in-8°.

Cauvin. — Armorial du Maine, publié en 1843, in-18. — Supplément par M. de Maude, 1860, in–12.

Chevaliers du Saint-Esprit. — Mss. E. 285, au Prytanée militaire.

De Courcy. — Armorial de Bretagne, publié par Potier de Courcy en 1862, 2° édition, 3 vol. in–4°.

D. P. — Note communiquée.

Dumesnil. — Armorial de Dumesnil d'Aussigné, xvii° siècle, dans le recueil mss. 995 à la Bibliothèque d'Angers.

Gaignières. — Armor. mss. de Gaignières, à la Biblioth. nationale.

Gencien. — Armorial (attribué jusqu'ici à Gohory) dressé par Gencien d'Érigné, xviii° siècle, mss. 996 de la Bibl. d'Angers.

D'Hozier mss. — Armorial général officiel dressé de 1696 à 1706, mss. de la Bibliothèque nationale, — généralité de Tours (à moins d'indications contraires).

La Chesnaye–des–Bois. — Dictionn. de la noblesse, édit. de 1869, 15 vol. in–4°.

Lehoreau. — Cérémonial de l'église d'Angers, 1692-1720, mss. à la bibliothèque de l'Evêché d'Angers.

Louvan Geliot. — La vraie et parfaite science des armoiries, in-fol., 1664.

Mss. 14. — Généalogies angevines, 1666, originaux du cabinet des titres, à la Bibliothèque nationale.

Mss. 439. — Maintenue de la noblesse de la généralité de Tours, en 1666, mss. à la Bibliothèque nationale.

Mss. 703. — Arm. mss. d'Anjou du xviii° siècle, Bibl. nationale.

Mss. 972 et 983. — Arm. mss. de Gohory, 1608, Bibl. nationale.

Mss. 993. — Collection de notes héraldiques, recueil de la Bibliothèque d'Angers.

Mss. 995. — Armor. mss. du xvii° siècle, à la Biblioth. d'Angers.

Mss. 999 à 1001. — Armoriaux des chevaliers du Croissant, xvii° siècle, à la Bibliothèque d'Angers.

Mss. d'Orléans. — Armorial d'Anjou, dressé en 1698, mss. à la Bibliothèque d'Orléans.

Ménage. — Histoire de Sablé (première partie), 1683.

C. Port. — Diction. de Maine-et-Loire, 3 vol. in–8° (1869–1878).

Roger, mss. — Rôle des nobles, écrit par B. Roger au xvii° siècle, mss. 995 de la Bibliothèque d'Angers.

Sainte-Marthe. — Histoire généalogique de France, 2 vol. in-fol., 1628.

Sceaux. — Sceaux d'après les empreintes ou les matrices.

Versailles, croisades. — Peinturés de la salle des Croisades, palais de Versailles.

LIBRAIRIE GERMAIN ET G. GRASSIN, ANGERS.

OUVRAGES RELATIFS A L'ANJOU ET AU MAINE

MONOGRAPHIE DE NOTRE-DAME DE BEAUFORT, église et paroisse, de l'origine jusqu'à nos jours, par M. Joseph DENAIS. — Un beau vol. in-8°, gravures et plans.
Le même, in-12 de 563 pages, gravures et plans, 4 fr.

HISTOIRE DE L'HOTEL-DIEU DE BEAUFORT (1412-1871), par le même auteur. — In-12 en deux couleurs, 1 fr. 50.

UNE MAISON D'ÉDUCATION PENDANT TROIS SIÈCLES : le collège de Beaufort fondé en 1577, par le même auteur (*pour paraître prochainement*).

LE CHATEAU DE BEAUFORT, ses comtes et ses seigneurs, par le même auteur (*en préparation*).

LE PAPE DES HALLES, RENÉ BENOIST, angevin, évêque de Troyes, surintendant du collège de Navare, conseiller du roi, doyen de la Faculté de Théologie de Paris, confesseur de Marie Stuart et de Henri IV, curé de Saint-Eustache de Paris (1521-1608), par le même auteur. — In-8° papier vergé de Hollande, portrait sur cuivre du XVIIe siècle, 5 fr.

L'ABBAYE DE CHALOCHÉ, au diocèse d'Angers (1119-1790), par le même auteur. — In-8°, papier de Hollande.

JEAN TARIN, angevin, recteur de l'Université de Paris (1580-1666), par le même auteur. — Brochure in-8°, papier de Hollande.

OLIVIER LEVÊQUE ET LA FONDATION DU COLLÉGE DE SABLÉ EN 1602, par le même auteur. — In-8°, papier de Hollande.

LES VICTIMES DE QUIBERON, d'après le manuscrit du général Lemoine, par M. Joseph DENAIS. — In-8°, papier de Hollande, 3 fr.

DAVID D'ANGERS, sa vie, son œuvre, ses écrits et ses contemporains, par M. Henry JOUIN, ouvrage couronné par l'Académie française. — 2 vol. grand in-8° richement illustrés. Prix : 50 fr.
Sur papier de Hollande, 200 fr.